人文叢書 社會類

台海滄桑七十年

楚崧秋 憶著

三民書局

國家圖書館出版品預行編目資料

台海滄桑七十年／楚崧秋著.－－初版一刷.－－臺北市: 三民, 2014
面;　公分.－－(人文叢書.社會類11)

ISBN 978-957-14-5862-5　(平裝)

1.楚崧秋 2.臺灣傳記 3.言論集

078　　102023461

© 台海滄桑七十年

著作人	楚崧秋
責任編輯	劉千榕
美術設計	張明萱
發行人	劉振強
著作財產權人	三民書局股份有限公司
發行所	三民書局股份有限公司 地址　臺北市復興北路386號 電話　(02)25006600 郵撥帳號　0009998-5
門市部	(復北店) 臺北市復興北路386號 (重南店) 臺北市重慶南路一段61號
出版日期	初版一刷　2014年1月
編號	S 857820

行政院新聞局登記證局版臺業字第〇二〇〇號

ISBN　978-957-14-5862-5　(平裝)

http://www.sanmin.com.tw　三民網路書店

◀ 民國二十二年，就讀浙江杭州樹範初中，為手存平生最早影像。

▼ 民國四十五年，時任蔣中正總統之新聞祕書，聽取工作指示。

▲ 民國六十一年，時任中華日報社長，與前總統蔣經國先生合影，慶祝報社遷入新址。

▼ 民國八十七年，主持新聞學會，介紹主講者前副總統蕭萬長先生，並宣布終生為新聞界志工。

▼ 民國七十三年，擔任中央大學校友會理事長，邀請獲頒榮譽博士之前總統嚴家淦先生入宴。

▲ 民國七十六年，回中央日報就任董事長，會同新聞文化界先進陳立夫、陶希聖、黃少谷等（前排左三起），與同業歡聚。

▲ 民國七十九年，出席國是會議，與李前總統等。

▲ 民國八十七年，時任台北市新聞記者公會理事長，與大陸媒體訪問團餐會合影。

▲ 民國九十七年，與家人合影於南嶽衡山最高之祝融峰。

序　言

——編寫此封筆之作的願景

楚崧秋

自我冷靜地反省：從兒童時期開始，對於書本與新知，就發生了相當高的興趣；追溯其原因，主要是家庭境遇，特別是雙親的殷切期許，尤其是母親的耐心督教和鼓勵！

關於這方面的詳情，我於民國九十年，承中央研究院近史所厚愛，邀我口述一生經歷，出版訪問專書，曾以「覽盡滄桑八十年」為標題，在此不必再做贅述。

而今蒙讀者遍世、服務全民的三民書局，尤其是其畢生奉獻於此專業的劉董事長振強先生盛情，願為梓行此一拙作，個人至誠感激之餘，油然而起不勝惶恐之念！職是之故，我僅能、亦只敢提陳次述幾項淺見，懇請讀者諸君與有關各方賜予教正。

首先，我敬謹陳明：此一編撰之作，乃基於一介書生，對社會大眾有其應盡之最低職責；作者既投身於此，自應言行一致。

其次，個人獻身於新聞傳播業逾一甲子，應先自我反省所言所為，亦應竭誠有所期許。

再就是應以一生行為與事實，印證熱愛台灣、獻身中華及同胞的誓願。

末了，我要重複強調：母教、母恩、母愛，護我一生，直望另世重投慈懷。

拙齡九四，心體轉衰，謹掬血誠，恭乞賢達先進與讀友們賜予指正，庶幾不負此生！

民國一〇二年十二月吉日

台海滄桑七十年

目次

第二篇 台海的風雲浪跡

完結 台海與中華遠景

第一篇

兩蔣的保台與建台

老蔣先生的畢生志節

——讓歷史出來說話

時間過得很快，本（民國八十四）年四月五日，已為蔣先生去世二十年。

近年以來，有台北大公園性質的中正紀念堂頻遭嘲諷，每逢十月誕辰有點紀念活動外，一般人對蔣老先生或少提及，或漸淡忘，亦時有借題發揮，隨心臧否者，人多習以為常。由於時光的消逝，現實的折磨，年輕一輩幾乎慢慢要不知其為何許人了。真是所謂「人事有代謝，往來成古今」。

這大概就是人性的弱點，世態之難測，原亦不足為怪。

所可異者，不僅蔣先生在台二十五年，甚至連他以往在中國獻身革命、領導國家先後逾四十年的一切，常常不是被抹黑，就是被稀釋、被曲解、被誤導，他恍惚日漸淪為一個並不值得尊敬和信賴的人，更甚者，幾乎還要將他塑造為一原罪的人！

如此對待像蔣先生這樣一位曾與台灣休戚相關、生死相共，與同胞血肉相連、患難相依，而又去今不遠的人物，大家試撫心問一問：這究竟是怎麼回事呢？

究竟是怎樣一個人？

今天，吾人對此固非全無理解，但卻一時難予辯解，更不知從何辯解起。因而只有依據蔣先生一生經歷、著述、行事原則、自我操持，再印證一些中外對他比較客觀的論評，先將他究竟是怎樣一個人，略加綜論，應有助於如何來公平看待他。

自然，這依然可能只是一般人的看法而已。

(一)大家認為他是一個高度的民族主義者，這是極少有爭議的。因為自他早期獻身革命到領導抗日獲得勝利，以迄在台二十五年矢志反共，都與他求民族的生存獨立息息相關。除了「台獨」主張者大概不會認同外，就是他的死敵毛澤東也曾直接、間接肯定他這一立場。

(二)他是一個取中庸之道的人本主義者。這與他青少年時期所受教育及其長時間浸淫於中國文化哲學，關係最為密切。他熟悉儒家經典，並求身體力行，這是由其親筆著述和有關史實可以為證的；不過未能由此導發，進而形成其整套民主法治思想體系，亦是許多研究者的論見。

愛國反共徹始徹終

㈢他是一個毫不妥協的反共主義者。他一生反共，若謂與黨派權力之爭全然無關，很多人是難以相信的。然他自民國十二年在廣東站在反共陣營至在台去世之日，以愛國救民為職志，則屬斑斑可考。他深信共產主義違反人性，否定人權，終必敗亡，我們不必一定稱頌他是反共先知，但他充滿信心的預言和實踐，卻得到歷史的印證。

㈣他被認定是一個講求實效的實證主義者。蔣先生一生深惡空談，講求實際，師事明儒王陽明，倡導力行哲學，其最大目的就是要想革除國人畏難苟安的積弊，來貫徹其反共救國的主張。為達此目的所歷過程與所取方法，則時仁智互見，從而引發了他治理國事的若干質疑。

㈤他是一個為時勢所造成的威權主義者。吾人研究蔣氏一生言行，若謂其為一合乎西方政治哲學的民主主義者，似難遽然取信於人。但認為他是一個嚮往獨裁專制者，則又陷於武斷，因為由他一生篤信儒家以仁愛為中心的人本思想，徹行主權在民的三民主義，這與獨裁專制，乃是完全背道而馳的。因此論者每多視之為一時勢造成的威權主義者，連其本人也許都有不得不然的苦衷。

了解蔣先生大致是怎樣一個人之後，再進一步來審視或鳥瞰一下他與台灣的歷史與現實關係，究宜從何種角度去對待他、理解他，由那些關鍵點去評論他、認定他，才不會陷入主觀、偏離事實。

首先，大家不妨冷靜思考一下，蔣先生有沒有任何辜負台灣與台灣同胞的地方。別的暫且不說，先問台灣是不是因他艱苦領導抗日，誓言收復台澎而得以解脫日本殖民統治的？如果民國三十八年他不來台揭櫫反共復國，而像一般失敗的政治領袖出亡國外，台灣是否能免於赤化而不早為「中華人民共和國」的一省？同時這一反共基地，如果不在他堅苦萬分的領導下，突破萬難，慢慢建設起來，今天將是何種局面？又如沒有台灣這片自由天地，後來的什麼經濟奇蹟、反對黨、統獨爭議、政治改革、兩岸關係……是不是全部根本沒有舞台，無所附麗？

不是什麼神化人物

其次，在他領導期間，無容諱言地是有許多缺失，但不應將凡百施政上的過錯都推給他一個人，更不應將實際政治上的許多恩怨是非都不問根由、不究法理而一概歸責於他。任何一個政治人物，都會犯錯的，蔣先生本人在其已發表的日記、反省錄及著述中，曾經不斷自省、自責，可見他並不以為自己是一個完人，更不是一個什麼神化人物。

誠然，在他任總統期間，因為大敵當前，存亡間不容髮，為了團結人心，集中意志，領袖崇拜的氣氛非常濃厚，因而國家制度化的功能相對遲滯，政治民主化的進程自然減緩，這一切固不應以時勢所需為由而全予曲諒，但也不宜全般歸咎於威權統治而過於苛責。因為時代背景與國家處境今昔大異，是很難一概以今日價值觀去衡鑑一切往事，正如同難以未來標準來論斷今日是非。

時下每談五十年代的所謂「白色恐怖」，其意涵大概是指那些年頭為防共反共而造成的許多冤、假、錯案，甚至矛頭有時亦隱約指向他。今天有人主張要清理，其實就由政府相關部門責成專人專案去清理好了。大可不必像當年對待「二二八」事件一樣，那般諱莫如深、避而不談，徒然造成日後糾纏不清的後遺症，而讓各方面都蒙其害，政府更可能是受創最重者。

理不應為政治箭靶

再次，我以為不論朝野政治立場如何，理不應因權力競逐與現實利害而視蔣先生為政治箭靶。這也就是說，作為一個堂堂正正的反對黨，或是一個講理重法、有為有守的政治人物，在批評、甚至攻擊對方，尤其是對付一個去世的人，無論如何，應該緊守不做人身攻訐，不可無端中傷，一切追求事實、拿出證據這一基本原則，其實這亦是最起碼的人道精神。

相反的，如果對於許多未可知、不盡知的事情，徒逞個人意氣，憑著主觀臆測，做出種種穿鑿附會，甚至道聽途說，渲染誇大的說法，則必令人有欲加之罪，何患無詞的感覺。這不僅對任何人，當然包括蔣先生在內極失公平，而且對執言者本身和相關各方面都是有害無益的。

因為公道與正義在歷史長河中，始終是一條無形的評鑑巨尺，任憑誰也是扭曲和逃避不了的！

還有，就是要從整體與長遠處，以宏觀、冷靜、直恕的態度，以公平心、尋常情、責任感來對待他、研究他、評論他。一個政治領袖的功過得失，是非成敗，總是會有人來議論的，這一代不談，下一代還是會談的，實在沒有什麼可以避諱或禁忌的。而且不談，並不證明問題不存在，更不證明已有定論。

基於這一考量，個人以為蔣先生的一生是值得大家關心，亦需要有心有志者研究。自然，更期待學者專家，尤其是超然治史者的客觀評價，好讓大家對他得一公平正直的認識，既不因過去的領袖圖騰而盲目崇拜，也不因近年的否定既往、翻案成風而使之無端受辱。

蔣先生於民國五十五年就任第四任總統時，曾經自況式地對國人宣告：「自顧一生無時而不在患難、恥辱、艱危、誣陷、滲透顛覆、出生入死之中，屢成功屢失敗，愈失敗愈成功，累積了無數成敗生死，交織而成為一個不倒的老兵。這個老兵只有臨深履薄之懼，絕無名位毀譽之私。」於今這不倒老兵的形體物化已經二十年，早已不能言語，更乏人為之辯正。既然如此，就讓歷史出來多說話吧！

因此個人以為將蔣先生有關史料有計畫、有層次地開放給有志之士做深入研究，實不失為明智之舉。以陽明山陽明書屋所藏蔣先生檔案為例，據悉個人信件以「籌筆」歸類，有一萬七千多件，「革命文選」包括北伐、統一、抗日、剿共四階段文件有兩萬八百多件，就極具原始文件的參證價值。

復據了解：一向敵視蔣先生的中國大陸當局，近年對蔣先生平生一切都在重新評估，尤其學術界對他領導抗日，追求民族獨立和國家生存，更是備加肯定。日本方面對蔣先生的研究始終不衰，美歐學者近年亦迭有論述，這些應該值得此間有關各方的省察。

益有進者，就是有資格口述歷史者，有能力撰寫著作者，允宜儘量將其過去輔佐追隨種種實際經驗，坦實地記述下來，作為歷史的佐證。只有該說話，能說話的人勇敢而誠實地挺身而出，許多莫須有的流言臆測，野史祕聞，才可望漸形斂跡，歸於正途。

公平對待不盲不辱

倘不此之圖，還是長此模糊閃爍，或裹足不前，或避嫌不言，或認為不去碰觸，免生爭議，我擔心最後不但會害了蔣先生，虧待了他，有負於他，而且更將對不起歷史，對不起大多數海內外及本省同胞至今心目中依然感懷，但並不十分了解的蔣老先生。

民國八十四年四月四日發表

由蔣的日記發表體認其人

(一)

今年為中華民國百年初度，國史館鄭重以「五記」為名，發表蔣中正總統的部分精要日記，內容涵蓋他自民國六（一九一七）年至民國六十一（一九七二）年，前後約五十五年，也就是他一生（一八八七－一九七五）的後大半。基於歷史、文化及政治諸種因素，問世之日，特舉行發表研討會，邀約多人主講，個人亦忝列其間；此篇短文為當日講述的主要內容。

(二)

首先我對《五記》(《愛記》、《學記》、《游記》、《省克記》、《困勉記》)問世，最為直接而親切的感應是：蔣公所處的時代，正是兩千年來，中國與中華民族命運最具關鍵性的年期。何以言之？最簡明的剖析，就是降自十九至二十世紀此一年代，乃正逢科學日見昌明，世界權勢發生空前變化的局面；中國卻因民族性、地域性、歷史性、體制性……多種因素，陷於肆應維艱，力圖自強和自拔的險境。

此滿清兩百六、七十年權勢所以敗亡，而當年在國內外進修觀察、為國家奔走號召、吃盡艱苦的革命家孫中山博士(一八六六－一九二五)所以崛起，傳統中國從而跨入一個如前所言的非常年代。也就是一個為人民爭取民主、自由與幸福時代的發端！

個人認為：《五記》的發表以及有關《事略稿本》的出版，無疑是以開創這一時代的兩位主角——孫、蔣二位，他們的生平事略與日記為依據，真實而有系統地反映出來，其間沒有什麼主觀的論斷與評鑑，好讓世人與讀者能做客觀的認定及體察。

(三)

就我這個多少親歷其事的閱者而言：記得民國四十三年至四十七年整整四年，為老蔣先生擔任言論與新聞祕書，接著為執政的國民黨文化宣導部門負責多年，這期間正是他銳心整理其日記等個人資料之期。其中若干應予透查之事實，以及必須核證之記載，多命本人和前任秦孝儀兄等慎重辦理，且叮囑應不遺巨細，撇開任何恩怨是非，一切以實情確事為準則。

一個向來被反對人士以及國內外步後塵者，視為大權獨攬、近乎專橫統治的「最高領袖」，對其長年親筆所記，竟能如此冷靜思考，客觀求證，倘非依據其一字一句的日記，其誰能信？而今國史館借重潘光哲、黃自進幾位學人，經年餘用心費力編整，以「五記」名義問世，這無疑是評定蔣老一生功過是非，最具可信度的根據，自然更是論鑑一歷史人物的基本守則。

簡切言之，他領導國人、治理國事，由其反映整個人格的日記所載，就是不論工作如何繁重，外力百般衝擊，他總是定下心神，力持鎮定，藉以自制自強，應對任何危難。我們不須相捧，更不應迷信，他這種畢生實踐力行的反省工夫，的確對其一生影響至大且遠。

(四)

個人冷靜體察：他這位領導人甚為難得的自我修持，乃是緣由有自。簡析之：家教是本；我五年前趁體力尚可，特往其故鄉浙江省奉化溪口實地觀採，留下極其深刻記憶。其次，即前述一生危難衝擊所磨鍊的反省克制工夫；再次，應為普世價值崇高的基督教義，以及中國人文典型的啟示。世人皆知：蔣老信教誠篤，與其夫人宋女士結緣互勉終生；而對中華孔、孟傳統哲學，孫中山總理革命大義與身教，乃至他一生崇仰晚清名士曾國藩（一八一一－一八七二）的文事武功及德行，對他都有無限的啟發和實踐。三者相互為用，融會貫通，乃其永矢不渝、精力無盡的源泉。

以上所述，為個人對其一生德業事功的粗略體察，謹掬至誠，就教海內外全體同胞與賢明先進。

民國一〇一年一月十八日於台北國史館

蔣公對新聞輿論的器重

前言

大家都知道：蔣公的基本哲學思想，是師承國父的遺教，源溯孔孟的學說，我們從蔣公的行誼遺訓中，處處可以看到以民本、民主、民立為中心的哲學觀。誠如蔣總統經國先生在《我的父親》書中所說：「父親所承襲而且要力行的中國正統思想，是反極權、反侵略、反奴役、反迫害的王道主義的基本精神，也就是孟子說的『民為貴、社稷次之、君為輕』的道理。」這種「民為貴」的精神，使蔣公常懷赤子之心，仁民愛物。民國九年在他的日記中寫到船經桂江（廣西省），水淺灘急，看見拖縴的婦孺喘聲淒楚，不禁「觸目傷懷，淚不能忍」。北伐之前在福建省看見獄中有犯人抱嬰，就「心有不忍，含淚欲滴」。這是仁者的真情流露，乃導源「天視自我民視，天聽自我民聽」的政治哲學。

由於蔣公有這種關懷民瘼，人饑己饑的秉性，衍為推行民主、渴望民立的政治抱負，自然要時時刻刻留意新聞發展、關心輿論趨向，這就是蔣公畢生重視新聞界，尊崇輿論界的根源與動力。

革命建國靠宣傳

蔣公秉承國父遺志，矢志奉行三民主義，深知欲使三民主義實現於全國，造福於後世，必須先令全國同胞，共同體認三民主義之博大精深，優於其他主義。在面對科學進步，人口密集，人際與國際間往返日益頻繁、資訊與交通日新月異的情況下，群眾與傳播媒介的接觸，遠逾往昔，如果要想喚起民眾，使其共同致力，尤須透過新聞媒介，進行宣導工作。

蔣公於民國五十八年在第三次全國新聞工作會談時指出：「現在的時代，是群眾的時代，一般國民的知識，必須合乎現代化的標準，新聞界的職志，就在啟迪國民合群的美德；鼓舞國民實踐的精神。」為藉新聞界的力量，來啟迪民德、鼓舞民心，進而實行主義，建設國家，他更早在民國二十九年訓勉中央政治學校師生：「要實行主義，先要闡揚主義；要建設國家，就先要宣揚國策，才能動員民眾，群策群力，以收事半功倍之效。」

蔣公認為：我們中國人個人的智慧，絕不亞於任何民族，然而由於大多數人欠缺合群團結的精神，以致形成一盤散沙，每每只重個人的表現，缺乏集體團隊的涵養，因此，乃將糾正匡導這種弊病的重責大任，期待於新聞界。對日抗戰初起之時，蔣公曾謂：「我新聞界能日新又新，導國民以前進，則國民必相率而前進，我新聞界能同心同德，扶持我國運於共同之正鵠，則國民亦自集中意志力量以趨於一鵠。」又說：「我們要實行三民主義，完成抗戰建國，糾正紛歧錯雜的思想，來達到意志集中的目的，更應該講述如何宣傳的方法，發揮宣傳的功能。」他念茲在茲，所以曾經一再提示有關宣傳的方針、宣傳的原則、以及宣傳工作要點，期望從事文宣工作者一體奉行，其重視宣傳、厚託宣傳之殷切，可想而知。

新聞為宣導利器

時至今日，由於資訊媒體發展迅速，一般民眾，每以視聽接受報紙、廣播、電視之新聞報導與論見，為日常生活之習慣。是故任何宣傳任務，如能妥善運用大眾傳播媒介，自必瞬息萬里，深入群眾，所以蔣公重視新聞事業，而認為是宣傳工作上的最佳利器。他於五十三年全國第二次新聞工作會談中，甚至認為「宣傳和軍事同樣重要」；而且「新聞界為國奮鬥，責任之重大，實不亞於前線衝鋒陷陣之戰士！」這對新聞輿論界而言，該是何等殷切而榮譽的付託！

盡人皆知：教育與宣傳為變化國民氣質，提振民族精神兩大憑藉。因此蔣公向來重視國民教育，確認教育為提升民族品質的百年大計，從民國二十三年新生活運動的提倡，到五十七年九年國民義務教育的推行，莫不以教育為強種強國的主軸。

可是新聞事業在蔣公的意識中，亦與教育工作同等重要。他在全國第三次新聞工作會談中即曾指出：「新聞事業，和教育事業，其影響是同樣深遠的；並且還可以說，新聞就是一種擴大的教育——一種對家庭，對社會，無所不到的教育。」不但如此，蔣公還確認國民革命之成敗進退，更有賴於新聞界之認識與努力。民國三十九年，他在講述「如何改進我們革命的方法」時這樣說過：「總理有言，宣傳即教育，故新聞記者應為國家意志所由表現之喉舌；亦即為社會民眾賴以啟迪之導師。」蔣公視新聞界為喉舌、為導師，其器重之情，真是溢於言表。

由於蔣公深知宣傳工作與新聞事業對革命建國影響至巨，因此倍加重視。時至今日，由於蔣公生前許多檔案公之於世，加以國內外其友人、同僚、部屬以及若干專家學者，對其生平事蹟的撰述考證，大家已廣泛了解：蔣公是一位非常注重輿情反映，而且具有高度求知欲的領袖。

畢生重視輿論界

以看報紙、閱雜誌、聽廣播、觀電視、電影為例，蔣公總是掌握了這些傳播媒體的特性，並依據其工作日程與生活習慣，儘量的多接觸。就閱報來說：蔣公一生真是無一時一刻離開過報紙。不論在前線督師，在政務緊急，在山居思考，甚至在戰時防空洞內，偶感不適時在椅榻之上，他真是不可一日不看報。六十五歲以後，為略節眼力和時間，每早更由固定人員讀報，藉以了解國內外重大新聞。

同時對於專家學人們的精闢論說，穩練記者的專欄報導，不但隨時閱看，甚至予以批註。特具價值者，還予以剪存分類，作為處理政務的參考。有時更查詢作者資歷，因而被約見者，曾不乏其人，其禮遇之隆，由此可見。

蔣公聽廣播，在北伐、剿共與抗戰期間，早已養成習慣。自民國十四、五年至三十八年政府撤退來台，蔣公幾乎無日不在戎馬倥傯、萬機叢集之中，而國內外大局亦幾乎無時不在變化莫測，因應維艱之際，因此當報紙或其他資訊不濟時，廣播正好可以彌補其不足。當民國三十三年日寇攻陷獨山，有進窺川、黔之勢時，蔣公考慮於必要時移往西康繼續抗戰，當時他即指示中央宣傳部要為中央通訊社及中央廣播電台在康設立儘速準備，務使廣播工作不可一日中斷。

電視這一新媒體於五十一年首次在台出現，事實上就是蔣公切應時代需要，加強國民教化，團結全民意志與力量而督導成立的。有了這一新的傳播利器，自望更能發揮其特具的功能，因為平日愛之深，故亦責之切。電影在蔣公心目中，亦和電視、報紙、廣播、雜誌一樣，基本上在娛樂以外，尚具有宏大的社會教育功用。因此蔣公一生之中，對於電影事業的倡導，曾不遺餘力；來台之初，還曾經督促成立農業教育電影公司，後來和中影公司合併。

回憶民國三十年三月十六日，當中國新聞學會於陪都重慶成立伊始，蔣公曾殷殷期勉：「我中國國民革命之偉業，由新聞界之熱忱鼓吹以揚，其未完成者，必由我新聞界之繼續奮鬥，以竟其全功。……黽勉同心，無負天職。」五十四年當此一學會重新恢復組織與活動之時，蔣公且親臨致勉，認為這是「實行主義，反共復國勝利的開始」。由此可見對於諸媒體的看重，對於各方意見反映的注意，以及對於這些方面人才的鼓勵，由蔣公的親身事實，便可知其梗概了。

殷切期勉新聞界

蔣公自領導東征、北伐、剿匪、抗戰，以至於反共抗俄，每個階段，莫不借重宣傳以激發士氣，鼓舞民心，以獲致最後勝利的果實。

民國十二年至十六年東征北伐之時，曾先後發布〈告軍校同學書〉、〈北伐宣言〉、〈討吳宣言〉、〈聲討孫傳芳罪狀〉、〈告全國民眾書〉、以至十七年的〈對日抗議書〉、〈對外宣言〉與是年雙十節的〈敬告同胞書〉，都是鏗鏘有聲、歷史性的宣傳文告，內中凝聚了蔣公熾烈的大義血忱，曾激發全民的愛國意識和行動。

在民國二十二年至二十四年剿共抗戰期間，更是重視宣傳工作，手訂「三分軍事、七分政治」；「國家至上、民族至上」的最高指導方針，而宣傳在體現「七分政治」與實踐「國家至上」的範疇裡，無疑占有極大的比重。也就是期望新聞言論界，在國難當頭，大敵當前之際，應如何發揮其道德勇氣，克盡伸張正義，為國奉獻的職責。故在民國二十九年七月中央政校新聞班第二期畢業典禮中，蔣公曾推許新聞記者是「社會上最自由、最高尚、而且最快樂的職業」。從事這種職業的人，「第一件事就是要修養新聞記者的品德」，也就是必須「確定立場，抱定宗旨」。而且「要以國家民族的利益為我們奮鬥的目標，既不可隨波逐流，喪失革命精神；更不可憑個人恩仇好惡，感情用事」。

而在反共復國的台灣基地上，蔣公曾不斷引證國父所云：「宣傳的奮鬥與軍隊的奮鬥同等重要」來警惕國人，並隨時提醒我們：「宣傳是我們在大陸失敗最大的原因」。故自五十二年至六十三年先後四次親臨全國新聞工作會談致詞，更是懇切囑咐，再三叮嚀。切望新聞輿論界人士，處處要以國家大局為重，應以大眾利益為先，「不論報紙、雜誌、廣播、電視，都要配合起來，雖然在事業上應該有競爭，但為了國家民族的利益，更要互助合作，發揮共同的智慧，達成復國建國的目的」。今總統經國先生秉承訓示，面對現局，更不斷期勉新聞言論界，做人民與政府間的橋樑，且於多年前慨然接受為中國新聞學會的榮譽會員，具見其重視的程度。

結語

當茲蔣公九九誕辰之日，吾人重誦遺訓，緬懷音容，他老人家慈祥愷悌的形貌，誠摯浩朗的聲調，耳提面命的訓誨，一切如在目前。我新聞輿論界寧不感念沉思，奮勵自強，而於此國家否泰轉捩關頭，人人善盡職責，來共同策進中興大業。

民國七十四年十一月於《報學》刊載

一件尋常事中反映的蔣夫人

今年三月二十日（農曆二月十二日）是先總統蔣公夫人宋美齡女士的百年華誕，這雖只是個人壽誕之日，然當事人不僅是近百年世界史，特別是國際政治史僅存的一位證人，而且無疑是我國這一百年來民族歷史上，具有重要影響力者之一。揆據史實，並非全因她是蔣中正夫人，至少同等重要的因素，乃由於她本人具有許多成為歷史人物的主觀條件。

關於蔣夫人的生平事蹟，從半個多世紀以前，當時相當轟動的《宋氏三姊妹》一書開始，到目前為止，國內外以及中國大陸所刊印的有關傳記，依個人直接、間接所接觸到的，已不下十餘種，而一般專文尚不在內。此地不談這些傳記與文章的正確性有多少，然執筆者類多是以一種好奇與揭密的居心與態度來寫蔣夫人，因此存疑與失據之處不少，應是必然的結果。至於大陸上一直對國共鬥爭的歷史感高度興趣，近二十餘年來不斷用電影及電視來運作，蔣氏伉儷自然是一主要對象，這就更難看出真實的蔣夫人了。

今逢她百歲誕辰，國內於準備祝賀之餘，若干刊物如《中央》月刊，相關單位如中國國民黨黨史會、婦聯會等，將分別以特刊、座談會及講演會等方式，由專家學者來談論她一生的經歷與貢獻，相信必有助於國內外來認識和評鑑這位時代人物。

個人與之相識並承教誨，始於民國四十三年秋應徵召擔任先總統蔣公的新聞與言論祕書。那個時期，蔣公伉儷的工作企圖心都至為旺盛，蔣夫人每每獻其專長多加協助，因此之故，她有時也會交代，我在資料蒐集整理，乃至撰擬文稿等方面參與其事，因而對她廣博的見識，敏銳的判斷力，親切幽默的談話態度，講求效率的治事方法……，都留下深刻印象，且受益良多。

整整擔任了四年的祕書工作後外調，與蔣夫人接觸的機會也從此大減，有時一、兩年也難見一次面。但承她的厚愛，始終記得有這麼一個曾為蔣公和她貢獻微力的祕書。老實說，這不是我始料所及，亦由此反映了她的念舊和對後進愛護之忱，令人感戴不忘。

其中最讓我不能忘懷的一次，是民國七十六年四月十四日下午四時，我到士林官邸去晉見她。大家都記得：她在蔣公於六十四年去世後，自己身體並不太好而赴美就醫休養。後來不幸跌跤，相當一段時期需以輪椅代步。那天她便是坐在輪椅上，用茶敘的方式來接見我。

是日，她精神顯得特別好，談興也頗高，問了一些有關我個人的工作與家庭狀況，以及外界的若干情況。出乎意料的，她第一次對我談及宗教信仰的問題，並自述她在休養生息中所得到上帝眷愛的感受。正在此時，她按鈴要服侍她的武官進來，取來吳經熊博士所譯《聖詠譯義》一書相贈，隨即問我名字的正確拼音、親加題示如下頁附刊原件。

她不僅將姓名、日期及地點寫得很清晰，而且將她熟誦的一段經文，即〈詩篇一〇三之十三〉，背錄於簽名之後。當她重讀一下親筆簽題的文字時，發現日期稍有筆誤，她立刻要武官，重取一冊再題。由自己經歷的這件事，我深深覺得當時年高已經九十的蔣夫人，自己坐在輪椅上為後生晚輩題贈一本書，竟是如此認真，不由得不佩服之至，從而亦反映出她多方面為人治事和待人接物的習性。

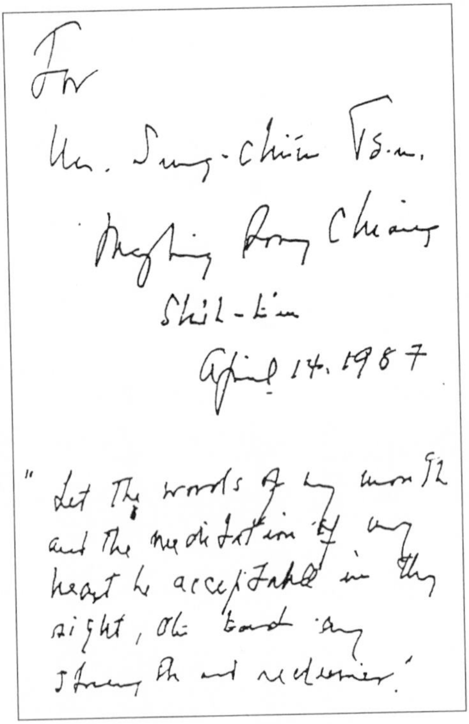

蔣夫人贈予作者《聖詠譯義》一書的親筆題簽。中譯為「耶和華，我的磐石，我的救贖主啊！願我口中的言語，心中的意念，在你面前蒙悅納〈詩篇一○三之十三〉。」

前面我已經提及她愛護後進的一片肫誠，更由於她是一個虔誠，且對教義有深湛研磨的基督信徒，我深切體味到她廣慈博愛、有教無類的美德。正因為有此德性的涵泳和主導，因此她總是顯得十分自然親切，平易近人，而絕不是一般人想像中，甚至將她鑄造為一高不可攀、貪戀權力與享受的豪門貴婦。

她認真求全，堅忍耐煩、一絲不苟的辦事習性，由我所親歷的這一尋常事中，也充分體現出來。記得那天她贈書放在輪椅身上題簽時，當然感到不方便，她只是笑著順便對武官說：「如果將附近的一張小茶几移過來讓我墊著題字，我大概就不會把日期寫錯了！」由此亦可看出蔣夫人絕不是如有些書籍或文章中，把她描寫成是一個疾言厲色、求全責備的人。

當她百齡華誕，無以為祝，願以親身經驗的一件尋常事來印證一下她的心性；雖不免掛一漏萬，但總是一人證物證。至於她一生的成敗得失及功過，確信時間與史實將做公評，而無需任何人擔心的！

民國八十六年三月二十五日

原載於《中央》月刊四月號、《近代中國》雙月刊一一八期

平心論蔣經國的保台治國
——寫於他辭世二十週年

明（民國九十七，二〇〇八）年元月十三日，為蔣故總統經國逝世二十週年。雖然今日執政者居心畢露地推行「去蔣」，予以醜化，課他種種罪名，但大多數同胞畢竟是有良心的，認為沒有兩蔣，台灣能否保有自由天地，很是疑問。因此是非善惡不是有權者所能壟斷，更非極少數陰謀家得以逞其私欲。

因而蔣先生依舊默默地躺在大溪陵寢，可惜迄今挺身為他仗義執言者依然有限。作者不敏，基於往日師生情義，願一本良知，繼十年前他謝世之日，於報刊曾寫〈蔣經國與台灣〉追念文之後，勉力再撰此篇，全憑所經、所知、所領悟到的若干事實，衡論他與台灣和海內外同胞血肉相連的關係，以就教於讀者及有心之士。

國人對他不同評議

我在十年前的拙作中，曾認當時七、八十歲以下至二十歲左右的國人，對蔣氏有譽毀不同的品評。譽之者大抵認為他深入民間，不愧為平民領袖；相反的則視他因父親蔣中正的拉拔而登大位，且是國民黨治台初期大搞「白色恐怖」的黑手。

時光流逝十載，前後兩任繼蔣而起的當政者，在「反中」、「批蔣」、否定國民黨、搞台獨建國這一主題上，不僅如出一轍，而且變本加厲。至於今日，因多數國民對蔣經國的評價始終不衰，於是只好在同胞的確受害不淺的「白色恐怖」這件歷史公案上，大做文章，甚至一口咬定他是推手與元凶，將洗不清的罪孽加於其一身。

究竟什麼是「白色恐怖」？有心之徒曾作自述，甚至寫為專文專冊，看了之後，每多予人以個案控訴和批鬥當年執政者的印象。這些姑且存而不論，但經國先生在這頂黑帽子下所受到的個人傷害，確屬不淺。如果不是生前用眾人目睹的事實，證明他是怎樣一個人，如果不是最後自任行政院長至總統約十七年期間的政績，讓人心悅誠服，大家一定會把他視為無情的殺手和台灣的罪人。

可見一個政治人物，尤其是在民主自由國度裡，一旦轉入情報或特務的圈子，其情況每有預想不到的嚴重。蔣經國無疑是一明顯例證。

「白色恐怖」承擔原罪

關於蔣氏在台初期，為其父親指定主持情報工作一事，於今由於蔣中正日記及檔案等，在美、中、台日見公開，而經國本人的記事錄、言論集等，也大抵公之於世，因而使其在「白色恐怖」中扮演的角色，乃日見分曉，此不獨使一般人真實認清其為人做事的本性，抑且有助於台灣的未來，因為此結鬆解當甚有利於島內外族群的和諧。

蔣先生攪進「白色恐怖」這團渾水的原因及經過，我曾問過他兩位多少也介入這行當的留俄老同學，一為曾任立委的王新衡，一為擔任過安全局駐日代表的嚴靈峰。此外，我也曾和當時出任這方面重職的張師、唐縱、鄭介民、張炎元、沈之岳幾位交談過。他們幾乎異口同聲表示：由於老蔣先生鑑於在中國大陸徹底失敗，情報腐惡是主因之一，因此只好委經國以重任，切望他一改過去恐怖弊端。同時，幾位先生也都信誓旦旦地說：來台初期主事單位的確辦了許多冤、假、錯案，讓大眾談「情」色變；但高層主持者絕對清白守正，而且誰膽敢做一件昧良心、貪私利、玩權勢的勾當。

上述幾位雖被公認一生清白，但畢竟不適合是「白色恐怖」的證人。一切除了以事實為鐵證，堪為旁證或鑑定者，則只有求之於確曾受害人群及公正的史評家。

最令人至今深感遺憾而莫解者，就是自民國三十六年「二二八事件」起始，所形成的「白色恐怖」這團疑雲，為什麼讓其長期籠罩台島，割裂人心，而不願或不敢去碰觸它？兩蔣對此下過禁令沒有？歷史明白顯示：他們的確沒有。相反的，就以一九九一年美國有名近代史家馬若孟等所著《悲劇的開端》(A Tragic Beginning)一書為例，曾引證蔣介石於該事件次日手諭：「不可報復」、「從寬處理」……。我認為老蔣那個不開放時代，免談猶有可說，少蔣主政後繼續免「講」，實在太無必要，甚至可認為失時失策。

不計毀譽但求奉獻

由於這一公案未能大白於天下，兩蔣始終受累固不必言，而其最嚴重後果，乃是成為反國民黨者百般醜化當道，以及存心歧視自大陸新入台者挑起族群對立的藉口。

因此我肯定認為：國民黨不論能否重行執政，對於這段疑雲不散的公案，一定要有個明白交代。其他黨派果為台灣長遠利益著想，也當一同省悟，毋再藉端挑起仇恨，而讓歷史還原真相。

本年五月初，我於台、美中文報端，讀到一九七〇年「四二四」紐約刺蔣案的證人王廣生訪問記，他告訴我們：蔣於案發當日接受美記者相訪時表示：「這些有『異見』的人，歡迎相見，兩位行刺青年，希望美國把他們釋放。」這種胸襟與氣度，豈是一個「劊子手人物」做得到的嗎？此雖不過是單一事例，然據此亦可見其餘。

關於對蔣極為負面的事，至此打住，重要者應該還是他如何許身為國。尤其當一旦掌權後，究竟做了什麼福國利民，有益大眾，且經得起歷史考驗的具體事實？

略一檢視其入台後的工作歷程，首先應是於民國三十九（一九五〇）年四月出任國防部總政治部主任，其時我服務於該單位的設計考核部門，見他宵旰憂勤，一心只為協同建立一支可以衛台保國的三軍隊伍。爾後逾二十年，他自出掌國軍退除役輔導工作、接任國防部長、主持青年救國團團務以至襄贊嚴家淦故院長於行政院，他守分盡職的範型、親近基層的素性、力圖創進的經略因表現於每一階層所負任務，而其無我無私、只問耕耘的心性，乃為所有主管及同僚所公認，進而取得國人的肯定。

空前變局大搞建設

蔣先生真正負起治理台灣和國家的責任，應該可從他於民國六十一年被任命為行政院長，迄至七十七年元月去世這十七個年頭。試一回顧此一時期全球大勢及時代潮流的變化，無疑可以說是空前的；台灣由於主客觀多元因素的影響，似更處於這一重大變局的漩渦中心地帶。對蔣來說，當然是他必須面對的大挑戰，且看他如何為台灣的生存和發展領航。

此一時勢空前演變的重心，大家都認定源於中美關係的劇變。先是六十一年美國與毛共掀開竹幕，六年之後正式建交；這對舉世戰略關係影響固大，最受衝擊者自為台灣，因其對台是一個如何求存的根本問題。小蔣先生恰逢其會，於此關係時刻接任總統，他盱衡全局，深入思考，確認只有求新求變，才能生存。於是繼其主持行政院六年大力改革，加強國家基建之後，策定了未來十年以上的主要方針策略，並誠摯昭告國人：「今日不做，明天就會後悔！」綜其大者，應為下列諸端：

㈠穩定民心士氣，加強心理建設，先求之在我，同時借助外力，美仍為第一對象。

㈡加速經濟發展，宣布十四項新財經措施，如期完成十大建設，全力促使台灣工業化與現代化。

㈢在能力許可範圍內，繼續充實軍力，確保台海安全，提高自存之道。

(四)面對並儘量優容反對勢力，加速走向民主化，嚴飭國民黨自我改革，面向群眾，並不斷責成該執政黨，應以協力完成各項國家建設為工作重點。

(五)大力加強政府改革，提高施政效率，嚴懲貪腐，大量起用本地新秀。

(六)勤跑基層，接近鄉野民眾，促進族群融和，增益國民福祉。

(七)重視選舉，嚴懲非法，加速地方建設。

(八)掌握兩岸關係變化，妥籌自處因應之道。

大家認為經國先生當年所策定的這些大政方針，不僅能切實抓住要害，直指人心，而且處處反映了他決心將一切奉獻給台灣和同胞！人們視他為台灣經濟起飛的舵手，也認他為「台灣奇蹟」、「台灣經驗」的推動者，應不為過。

開放政權邁向民主

更其難能者，應為他在民國七十三年五月連選為總統之後，到他辭世之日為三年半稍多的時間。同胞只要略一回憶這位足跡踏遍全台每一角落、曾經夜宿沒有地名的地方，那位體態衰弱的老人，他那裡像是我們想像中的「蔣經國」！雖然如此，然其老成謀國之忱，對世事敏銳的觀察及判斷力，卻絲毫不失為一洞燭機先、掌握主動的國家領航者。試舉他最後年餘時間所做的幾項決策與宣示，即可見其政治智慧及愛台愛國的情義：

㈠宣布行了三十餘年的戒嚴法，於七十六年七月依法定程序廢止，這是藉七十五（一九八六）年十月美國女報人葛蘭姆（K. Graham）訪問中公告的。

㈡取消「黨禁」。即人民合法組黨的自由權，因戒嚴法失效而獲保障。

㈢開放「報禁」，落實新聞與言論自由。此乃七十六年下半年由行政院宣布：次年元旦正式解除報紙限制登記出版。

㈣七十六年十一月十五日由內政部通過並宣布大陸探親辦法，兩岸同胞阻絕四十年的大門由此開啟，台商登陸，雙方經貿隨之迅速發展。

事實上，在這些重大決策公之於世以前，依據他出任總統前後十餘年業已或尚待全部公開史料，他確實掌握了時勢和台局的脈動，姑舉本人於六十九年服務國民黨文工會時一例為證。那是當年元月三日下午他主持中央主管會議的記錄中重申：

「針對該事件（按：指高雄市民進黨人大遊行），應該是嚴明而公平的來辦，人證物證要弄清楚，但問題並沒有了……

「因此，美麗島事件之後，更應開大門，走大路加強工作，才能解決當前的問題……

「黨國生存關頭，負責者應該拿出負責的態度來，選舉已經在準備，一切依法來辦，平靜、正常、成敗不計。」

由這一段話，不是充分反映了他對當時全局的心情、看法以及如何來為國為民的最高最大利益，盡心竭力求其有成嗎？

愛台護台誰能比匹？

當他逝世二十週年之日，個人以八八之高齡，勉力成上拙文，自在稍抒悼亡念舊之情，一吐胸中塊壘；同時，我願嘔心發誓，絕不懷半點歌功頌德之意，且一生恥恨瞎捧權貴。即以所寫內容言之，幾乎以一半篇幅稍述其一生所受無據的栽汙、無情的傷害，而從未自我辯護過。此為著眼於他到底是怎樣一個人？好使國人公平論斷。

由於經國先生將其大半生全程奉獻給台灣這塊自由天地與同胞，大眾的眼光確是雪亮的，事實也永遠勝於雄辯，因而大多數國人對他愛台、護台、保台、衛台的事實與功績，看得十分清楚而多予肯定。此所以十餘年以還，中外不少報刊、民調機構、學術單位等，自《商業周刊》公布民調結果，評定他是歷任及現任總統中，對台灣整體貢獻最多、最大的一位。於是同胞認他為「大家的蔣經國」、「歷史的蔣經國」，可謂由來有自；而其本人，最後亦以「我是中國人，也是台灣人」終其一生！

近十餘年間，由於台灣的處境特殊，民主法制尚不夠健全，因此社會人心極易浮動起伏。主政掌權者及其流派，拚命利用這一大弱點，挑撥離間，製造許多割裂族群、遺害同胞的事端，以達其自私自肥的目的。

願大家一定要看清楚，這對台灣的未來，乃是莫大的挑戰，其後果將十分嚴重，任何人都無所逃避。蔣先生地下有知，能不痛心疾首？我們更應該反省一下：如何才對得起他留下的這份得來不易的基業呢？

當吾人追念他去世二十年之時，既然肯定他的確對得起台灣和同胞，那我們海內外同胞是不是也該冷靜下來，認清現局、明辨是非，讓台灣力掃沉霾，摒棄批鬥，腳踏實地，一同朝平和安定、與大陸互利雙贏的大道奮力邁進呢？

民國九十六年十一月二十四日美《世界日報》專載

民國九十七年元月台《中外雜誌》等轉刊

那裡有危險，他就在那裡

我與蔣故總統經國先生認識整整四十四個年頭，他是位嚴師、是位忠臣、是位國士、是位體恤部屬的好長官、是位保愛萬民的好領袖。當我尚未開始追隨他時，許多青年學生對於在江西省贛南當地，有「蔣青天」之稱的經國先生之為人與政績，都甚為仰慕。民國三十二年，我剛自重慶中央大學畢業，適逢三民主義青年團成立中央幹部學校，招收大學畢業生，我因而成為研究班第一期的一員，於是得以認識當年是教育長的經國先生。

富同情心 具忍耐力

最令我畢生不忘的，是第二年三月底報到之日，學校大門口豎著兩面大標語：

「想做官的莫進來，要發財的請出去」。後來知道這兩句話是經國先生自己擬來警惕師生的。

民國三十三年十月，我響應先總統蔣公號召的「十萬青年十萬軍」的從軍行列，就在學校簽名加入。不久，經國先生奉命兼任青年遠征軍編練總監部政治部主任，我被指定參加籌備工作，旋即成為經國先生的祕書。

針對這四十多年來我對於經國先生的體認和了解，可以提出五項經國先生終其一生所表現突出的性格特點，就是：最能吃苦的一個人；最富同情心的一個人；最顯得自然的一個人；最具忍耐力和包容性的一個人；最不懼艱險而堅持到底的一個人。

由於留俄十二年堅苦卓絕的青年生活，以及母教父訓的家庭教育關係，養成經國先生特能吃苦的性格。他當過兵，做過渡夫、礦工，洗過廁所，甚至有過連麵包都沒得吃的日子，卻都能從艱苦的煎熬中掙脫出來。他在三十九年擔任國防部總政治部主任時不斷告勉同志：「要吃人所不能吃的苦，要忍人所不能忍的氣，要負人所不能負的責。」

經國先生習慣於住幽靜小屋子。民國三十三年在重慶馬家寺和復興關的住處；擔任總政治部主任時，主持淡水訓練班的下榻處；救國團在劍潭的休憩間等，都是小小的地方。就是目前大直的總統官邸也非為他而建，原來是海軍的一處招待所，空間不大，布置普通，但他卻覺得非常舒適與自在。

仁民愛物親切隨和

自青壯年起就富有仁民愛物情懷的經國先生，不論是在大陸，或是來台近四十年間，從他到民間各地走動和視察，與各行各業民眾親切地共起居、話家常的情形，無人不感受到都是真情至性的自然流露。

尤其是六十一年以後擔任行政院長期間，以及六十七年出任總統初期（後來實在因為腿疾走不動了），他真是以愛民如子的襟懷、視民如傷的情義，走遍了台澎金馬的每個角落，接觸了所有矜寡孤獨廢疾和痛苦無告的人，這一切的一切，無不刻劃在每個人的心上，也顯現在同胞們的眼簾，這些情景都將與歷史共存。

自然且沒有架子的經國先生，對大眾特具親和力，舉手投足、談笑之間，總是表裡如一，非常誠懇。這種性格養成的原因，一方面是由於天賦，再方面大概是他從學生時代即與群眾永遠保持接觸的緣故。

回憶當年在中央幹部學校研究班時，身為教育長的經國先生，早晚都和學員們在一起，穿同樣的草綠服及草鞋，一起升旗，有時一起自習，感到有興趣的課程也和同學們一起聽講。有幾次由學員們自己動手修路，經國先生也打著赤膊、穿著短褲，和同學們一起挖土、填路、唱歌、說親身往事。

懷抱儒家精神和愛人胸懷

懷抱著高貴的儒家精神和愛人的基督教義，經國先生不僅關心部屬、朋友、以及有關的人，而且常會問及他們的家庭及長輩。他與人見面時常會說：「好久不見！」、「工作忙不忙？」、「有什麼運動？」、「家裡如何？」、「你長輩健康嗎？」、「多多保重」……雖然是短短的幾句問候語，但卻是那麼地令人感到溫馨、自然、親切。

「那裡有危險，他就在那裡」可以說是經國先生一生特點之一。從贛南的重建、抗戰後東北的接收、上海的經管到撤退，西昌、海南、大陳的轉進……無不證明這句話的正確性。尤其是民國四十七年八月二十三日，中共砲火封鎖金門，先總統蔣公為表示死守金門，在砲火連天中，要經國先生銜命前往金門——由軍艦中的水鴨子送至金門外海，再由蛙人背他上岸。到了金門司令部之後，守將胡璉將軍驚訝的問他：「你是怎麼來的？」

這些都不過是一些有形和外在的危險，然而他無形中所受的險阻，內心上所受的折磨，應該是千百倍於此，這就只有等待史家去評寫了。

此外，我可以再舉一些小故事，來顯示經國先生的性格。他曾經說過一則關於自己的笑話，他說：留俄入軍乃孚學院學騎兵時，有次舉行閱兵，閱兵官不解的問：「後面為什麼有馬不見人？」原來，經國先生的個子比較不高，前面的士兵擋住了他。從這類笑話，可看出他深具幽默感，就是將自己當成笑話來說也不以為忤，亦可見他的隨和與氣度。

經國先生的興趣極為廣泛，求知欲和學習能力特強。大家都知道，他精通俄文和俄語，但談話間常自愧不如他的老同學——在台最早擔任過國研中心主任的卜道明。

他頗愛京戲（國劇），雖沒有真正學過，自己偶爾也會哼上兩句。由於蔣公生前曾表示：不回大陸，不看京戲；他後來也就不再看了。

他開吉普車的技術第一流。民國三十四年四月，他開著吉普車從重慶出發，沿成渝路到廣元翻過秦嶺，到達陝西漢中視察青年軍二〇六師。此一愛好，直到他擔任國防部副部長以後才慢慢停止。他也能駕駛飛機，記得在大陸幾次陪侍他旅行途中，他都親自進入駕駛艙操作；來台以後，仍不時操作。

堅信事實終歸是事實

近十年來，台灣社會政治劇變，某些專書雜誌為達目的對他蓄意汙蔑，雖然不免令他傷心，他卻容忍下來，因他一生相信事實終歸是事實。正如同來台早期，有些美國人將他視為特務頭子，甚至懷疑他留俄會不會親蘇？他也從不辯解，往後事實證明他乃是美國最好的朋友。

曾經，有美、日、德等國人要為經國先生寫自傳，但他說：「這不是時候，現在什麼人也不把我們放在眼裡。」而兩年多前修正刑法時，法務部參考他國法條，曾建議增加「不能侮辱本國元首」一項，但是經國先生認為不必；其胸襟之寬，非常人所及，而用心之苦，國人應該引為鑑戒。

為國勞瘁健康日損

像這麼一位律己嚴、待人寬的偉大領袖，難怪當他去世之後，能夠受到全國人民如此的愛戴與敬重。可是某些人眼見他為國勞瘁，健康日損的時候，為什麼還要那麼殘忍地對待他呢！

經國先生時常說：「爭千秋，不爭一時。」他的一位好友譚伯羽先生在他擔任行政院長時，贈予他的一幅對聯：「計利應計天下利，求名當求萬世名。」經國先生將它懸於辦公室中，作為立身行事的座右銘。

他——為國家、為百姓流盡了最後一滴血，用盡了最後一分心——這應是經國先生為國為民、鞠躬盡瘁的最佳寫照。

他也常說：「天下沒有衝不破的風浪，沒有打不敗的敵人。」他這種無比的勇氣與無限的毅力，為民族發揚了正氣，為中華鑄造了國魂。世代子孫如能對先總統蔣公和經國先生留下的典範與遺囑，念茲在茲，身體力行，那他一生的無條件奉獻也就有了代價。

民國七十七年二月於《黃河》雜誌發表

經國師百年誕辰的痛切省思

今（民國九十八，二〇〇九）年四月十三日（農曆三月十八日），適逢蔣經國先生百年誕辰，姑不論尚有多少國人，在他去世已逾二十一年的今日，還會憶起或記及這位故總統生前的種種，特別是他治台的功過得失。然他畢竟在此「美麗之島」，報國衛民整整四十載；當其在位末年，更以「我是中國人，也是台灣人」旦旦自許。因此個人覺得應該是同胞們藉此時機，面對危疑震撼的當前台局，大家抱著同舟一命的心情，共做一番殷切省思和客觀期許。

傳奇性的畢生遭際

關於蔣氏一生的經歷，說他是多采多姿，固無不可，若謂其是多災多難，似更貼切。因為他自一九二五年，以十四、五歲幼齡，被送往當時的蘇俄學習，一迨十二載，曾飽經風霜。民國二十六（一九三七）年對日抗戰爆發，他間關回國，自中共發跡區的贛南基層做起，頗獲佳評。之後，在民國三十三年奉調當時陪都重慶辦學，逐漸進入所謂中央軍政行列，迄於三十八年退守台灣。爾後四十年為國盡瘁的一切，國人多已耳熟或目見，而中外書報雜誌的介述，以及大眾媒體的評論，更是林林總總，大家多能覆按，在此免予著墨。

為便於國人在其百齡紀念的省視，我試將其與台灣共存亡、和同胞共患難的後半生，大別為三個段落，概言其報國愛民的事蹟。

不計毀譽、初挑重擔

第一個階段擬從他三十八年自大陸隨政府撤退來台，迄於五十四年一月出任國防部長之前，先後為十六年（一九四九—一九六五）。由於他是蔣中正之子，大陸時期曾做過一些為人矚目的工作，如建設「新贛南」、「上海打虎（肅貪）」、東北對蘇交涉等，人們不免以身分特殊相視。尤其入台初期，他一度受命為情治單位的幕後操盤手，更讓國人覺得他有些神祕兮兮。加之三十六年「二二八」事件爆發之後十年，「白色恐怖」籠罩全台，幾令人時存自危的憂懼。而他由於前述緣故，不少人，尤其是若干心存成見或另有企圖者，乃以元凶與禍手相加，他也只有默默地承擔這份原罪；直到近年，由於與此相關的許多原始資料，包括其本人日誌公開，真相乃漸白於世，他的「罪名」方見消退。

在此期間，他所任職務較為大眾所注視者，應為自四十一年起擔任青年救國團主任近二十寒暑。最初有人懷疑它與共黨青年團有無同質之處，後來事實證明乃一單純的青少年自強愛國團體；而蔣本人自始至卸任，無時無處都是和青年們站在一起，為他們前程利害打算。

此前兩年，即三十九年三月，他出任國防部總政治部主任。儘管不少人對此一單位的功能曾持負面看法，但蔣在任期內的一切作為，完全依法辦事，對穩定當年軍心，加強戰力鬥志，乃至「三軍一體化」、「軍隊國家化」，都為各方、包括美軍顧問團等所肯定。

另一公職則為繼前者之後，出任行政院退除役官兵輔導會的副主委至真除。隨政府來台保台的四十餘萬三軍部隊，至民國四十年代末日漸老大，勢須除役，如何安頓，自不簡單，這份難擔的重責，又落到蔣氏肩頭。憑其與軍中緣分，乃與大家完全鎔為一體，其影響自及於軍心士氣，直至今日！

創建「台灣奇蹟」舵手

第二階段可界定自五十四年至六十七年出任行政院長（一九六五—一九七八），歷時十三載有餘。這段期間，他從國防部副手到升正，進而協助當時行政院嚴家淦院長開始搞經濟，使政經雙軌並進。六十一年中接任院長，曾以建立一個大有為政府高自期許。隨即於六十二年末提出五年內完成十大建設計畫，二、三十年以來，中外幾乎一致認為這是台灣經濟起飛的肇始，使中華民國邁上「現代化」之林。

當六十四年夏初老蔣先生逝世，執政的國民黨幾乎上下一致推他繼任為領導人。

可能由於他全心全力用於政治改革和經濟創新，致對黨的再改造不免疏忽放過，多少年來一直被視為陳腐的執政黨，迄至八十九年失去政權，似猶未自覺和澈改。論者每視此為經國一生的缺失和憾事；吾人就事論事，他的後繼者無疑應負更多責任。

基於他生前所全神貫注、竭力達成的十大建設內容、果實及影響，早為眾人周知，不僅所謂「經濟奇蹟」、「台灣經驗」等美名傳播於世，而我們自己在內的絕大多數同胞亦因此受惠。別的不必細說，只要省察一下民國六、七十年代的國內生產毛額(GDP)，由合美元五千躍升一萬以上這一事實，我們飲水思源，他領航之功應不可沒。

求新求變、拓展國運

談到第三階段，則為他出任總統到去世的十年(一九七八—一九八八)。時論對此不免視為他個人功業的顛峰，但國人所日見的蔣經國，只是一平凡平實的老人，一樸實無華的長者，像苦行僧一般，公餘總是穿梭於群眾與田野之間，一切用行動和事實證明：他不是外來過客，更非高高在上的領導，而是一個十足生根於此的在地郎。如謂這是他與台灣完全融合的十年，絕不為過。

揆其緣由，固基於他的個性與作風一貫如此，但他鑑明「時代在變、環境在變、潮流也在變」，如果不能因勢利導，掌握機先，則辛苦經營三十載、得來非常不易的奇蹟台灣，如何肆應這內外糾結、逼人而來的空前大變局？

因此民國七十年代中期前後，他確察形勢十分逼迫，政府只有在政策方針各方面，及時並大力求新求變，才不致如其自勉：「今日不做，明天就會後悔！」各項細節都斑斑可考，在此只略舉影響最為深遠的數項：

㈠實行逾三十年戒嚴法，於七十六年七月依法廢止。

㈡取消「黨禁」，合法自由組黨得到保障。

㈢開放「報禁」，七十七年元旦解除報紙限制登記。

㈣大陸探親辦法，於七十六年十一月中由內政部通過實行。

這幾件大事的確定，在當年不免震驚內外，尤其蔣氏以垂暮之身，尚能如此果決，自然引人推崇。然極端「反蔣」、「去蔣」的人，則認為這些事早就該做了，沒有什麼稀奇！正由於「言論自由」乃基本人權，只要守法，誰都可以放言高論。

緬懷往哲、相互期許

從前述三階段的簡要析論，大致描繪了蔣經國一生為人做事、報國護台的輪廓，從而讓我們體認到他確有一些過人之長，此所以十五年左右以來，諸多媒體社團和學術機構的民調結果，都肯定他是歷任與在任總統中最獲民心的第一位；他個人治績所獲正面百分比，平均則在六成五上下。基於此等準尺的啟示，國人每每相互自我期許：

㈠學習他平易近人、愛國親民的一貫作風，而服公做官的更當效法他表裡如一的平民化。

㈡取法他不唱高調、說到做到、反求諸己、即知即行的辦事精神，凡事重責任、講效率。

㈢絕不貪汙腐化、濫權營私，政府、黨派和企業界最應嚴格要求，嚴懲不法，絕不寬貸。蔣氏終生清廉自守，家無恆產，值得表揚學習。

㈣研考他長年求知進取的習性，以及「律己嚴、待人寬」的做人鐵律；對家屬後代，要求嚴格，絕不容許任何特權與不法行為。

㈤公平論斷兩蔣在台的是非功過，不偏不倚、不捧不贓；信任專家與歷史的衡定。

㈥淡化黨派、朝野、族群、貧富等的分隔，包容異己，尊重反對，使台灣更加「民主化」、「自由化」、「法制化」，為更好前程打拚，為未來中華立範。

當吾人紀念小蔣百誕之日，卻逢所謂「扁珍貪瀆世紀大審」；停棺頭寮、尚待落土的他，如其另世有知，必定更為不安！大多數同胞必然企望他能顯靈：本著「愛台、保台、建台」的既往血忱，讓此一大審適時依法結案，令貪贓枉法、誤國叛民之徒，早日服其應治之罪！從而使台灣進一步和平進取。

個人基於與經國教育長（生前對他一貫稱謂）六十五年前師生之義，以及在台隨他服務報國四十載之忱，謹抒內腑情懷，不辭八九衰弱之軀，繼往日多篇紀念他的拙文之後，勉撰斯篇，續獻鄙見，以就教於海內外同胞與讀者。凡不當或失察之處，敬祈不吝鑑原指正。

民國九十八年四月於台北

第二篇

台海的風雲浪跡

四十年前台海風雲中的「中美關係」

今年夏天，承美國國務院之邀，做了他們一個月的客人。這原是一件極其普通之事。不過由於我是一個對美國政治有興趣的人，此行又非觀光性質，因此許多海內外的友朋和讀者，每以觀感和印象相詢，責問何以無一篇文字交代？就是此間美方人士，包括接任駐華大使不久的安克志先生在內，亦曾談及同樣的問題。

為了不負各方的期望，更鑑於中美關係發展到了一個歷史性的階段，站在一個熱愛自己國家，而又自分足稱為美國之友的自由中國人的立場，特願趁教育部邀我主持九月份台北文化講座的機會，為兩國共同長遠利益設想，平實而誠懇地提出若干個人意見，以就教於中美有關人士和一般國人。

「和解」帶來姑息

先讓我們檢討一下導致中美關係發展到目前地步的尼克森所謂對共黨「和解」政策。大家都知道：「和解」(Detente) 在國際外交的策略運用上，是強權政治中的一種遊戲；至尼克森於三年前決定親訪一個一直要「埋葬美帝」的死敵——毛共而賦予某些新的意義。近年以還，所謂以「談判代替對抗」的和解政策，乃成時尚，大有「順之者存，逆之者不死則亡」的趨向。國際間遠在尼克森之前，如英國羅素之流所倡導的「寧赤不死」(Rather Red than dead) 的對共妥協思想，固因尼氏此種不可思議的舉動得到了註腳，而美國內許多主張和共黨對話、交往、妥協的自命為自由分子者，更因此得到空前的鼓舞，因而振振有詞，甚至以親毛捧共為時髦、為開明、為進步。美國居自由世界的首領地位，對曾被聯合國指為「侵略者」，而且滿手血腥的毛共尚且如此紆尊降貴，遷就討好，試問如何不令膽小現實者趕搭馳往北平的「巴士」？又如何不令許多人視反共為保守、為不識時務？蘇共發明的「和平共存」戰術，竟借尼氏之手而大行其道；受到大惠的則是中共匪幫。這便是尼克森給「和解」這個舊瓶裝入的新酒。

我十分敬佩蔣總統夫人於尼克森辭職第二天談話中所指出的：中國大陸的大門是應該打開的；但尼氏敲門的方法，適足以幫助毛共加強對大陸人民的桎梏。在毛共很明顯的需要美國這「超強」助力之情形下，本有堂堂正正的道路可循，用不著轉彎抹角，陳倉暗渡地進行暗盤交易，一方面被毛酋背地形容為「向北京投降的美國總統」，一方面為其本國評論家譏諷他「能否留著內褲回來」。可是他予智自雄，急功好利，唯恐失去做中國大陸「開路英雄」的機會，結果使一個原來有求於美的敵人，一夕之間，轉變為最狠毒的勒索者。

福特莫蹈覆轍

福特繼任總統之後，已一再表示在外交方面，將繼續執行尼克森所留下的「和解」政策。觀其近兩月以來，先是就職當日在白宮接見匪駐美聯絡處主任黃鎮，迄八月三十日在俄亥俄大學讚揚毛共統治下的青年「嚴守紀律」，可謂已盡示好的能事。其對毛、對蘇以及對共產集團各國的「和解」，彷彿還有加速進行的動向。最近報導：季辛吉國務卿於十月訪問中東和蘇俄之後，可能於今冬或明春七訪北平，甚至有為福特往訪鋪路之說。而北平當然不會放過機會，透過某些途徑，試圖引誘福特往訪。就在美國務院促成傅爾布萊特等七位國會議員於八月間往訪毛共前後，在美國內政治與新聞界頗為流行一種說法：「現在是美國應對毛共下一步採取主動的時候。」甚至明白主張美國對中華民國的關係應取逐漸疏遠的態度，以免妨礙了對毛共「和解」的機會。我們深盼，亦相信在美國本身問題重重，而毛幫政局正陷內鬥愈演愈烈的今日，絕不可能輕舉妄動，亦不會為毛共的脅詐詭計所乘，重蹈尼克森「親痛仇快」的覆轍，而鑄下歷史上更大的錯誤。

毛共何嘗穩定？

無可否認的，美國若干執政的人和研究中國問題的專家學者，每認毛共在中國大陸已經二十五年，怎麼能說它不是一個穩定的政權？怎麼能不與它交往？不過我們先要問：毛共盤據大陸二十餘年而能維持不墜，其最大的憑藉究竟是什麼？是毛式共產主義的思想與生活方式，真正得到中國人民的接受或默許？還是毛共永無休止的鬥爭、清算、公審、下放與絕對控制人民口糧，剝奪人民一切自由的高壓暴力，使七、八億生靈成為「藍螞蟻」、「囚徒」、「奴隸」，而無任何反抗的力量？持毛共已經「穩定」看法的人，如果認為這是他們的「內政」，是可與並存的「不同的社會制度與生活方式」，那又當別論；倘使立國兩百年，向來以民主自由與人性人權捍衛者自視的美國，願以冷靜客觀的態度，面對我所提出的上項前提，我相信絕大多數有良知者，必定異口同聲地不齒於毛共這種統治，甚至否定其存在價值。

上月二十日美第二大報《洛杉磯時報》發表其駐香港特派員、中共問題專家艾利根 (Robert Elegant) 特稿稱：「憤憤不平的中共青年消極抵抗當權者，業已成為中共政府巨大而又迫切的問題」；又稱：「這批青年大多數年齡二十至三十歲，人數至少有五千萬。」本月二十一日世界最大通訊社美聯社的專稿復指出：「中國大陸已歷二十五年的共黨統治，此刻顯然已站在歷史性分岔路口。……驚人的大變動可能就在眼前……。」當美國內依然有不少人醉心對毛共「和解」之時，他們這一類文章不是輕易會發表的；同時退休不久的美前駐北平聯絡處副主任、任金茲的證言，不亦值得大家警惕？試問這種外強中乾、滅絕人性的暴力政權，寧能謂為「穩定」，而可與美國長期「和解」，轉變為對美有利的力量？

倘美國竟亦步亦趨，仰其鼻息，而與之「關係正常化」，那實在是對中國七億多人民落井下石，也就是我國成語所說「助桀為虐」。因此美國朋友如果不把毛幫統治與七億人民分開，甚至視為毛幫的「資產」，結果必然是逼迫這龐大的中國人群，由對美失望而絕望，最後必任供毛賊及其「接班人」的鞭策驅使，成為湮沒「美帝」的人海！到那時美國必將噬臍莫及而悔不當初！一九三三年美國承認蘇俄以及二次世界大戰後幫助俄共坐大的歷史教訓，還不夠慘痛嗎？

對美鬥爭策略

今天毛共對美和平鬥爭策略，很明顯的是一面假惺惺對美「和解」，挾美制蘇，進而撈取其他利益；一面則虛聲恫嚇，迫美在各方面，特別是在所謂「台灣問題」上就範。我們只要一讀九月十四日中共《人民日報》所刊〈爭奪之下，何來「緩和」?〉一文，文中把美蘇「兩個超強」爭奪世界霸權，罵得狗血噴頭，而認為「緩和」只是一種「騙局」和「煙幕」，其用心所在，美當局難道會不明白?相信美決策及安全當局，包括其中央情報局及國會反美行動調查會，與國家安全聽證會等自有其確切掌握的資料，做成公正判斷，而毋待我們為之剖解。

由於今天美國某些執政者和專家們，認為這些本是共產黨的一貫作風，因此北平的狂妄不足為怪，亦不必為病。其更甚者，如參議員賈克遜、傅爾布萊特；學術界人士如泰瑞爾 (Ross Terrill)、巴奈特 (Doad Bennett) 以及原籍中國的鄒讜之輩，他們誤以為中共之所以繼續與美國為難，乃因為美國三年來對毛共「和解」的步調進行得太慢，使中共感到不耐。因此種種論調，層見迭出。或則主張把美國現有駐北平聯絡處和駐台北大使館早日易位，也就是儘速給毛幫以完全的外交承認；或則主張儘快撤退在台美軍，減少美人在台投資，使協防條約的承諾與盟國關係，慢慢減至最低限度……。一言以蔽之，就是認為「台灣問題乃是美國與毛共全面『和解』的絆腳石」，美國應早日擺脫此種負擔，免使「得來不易的」對毛「和解」功敗垂成，甚至逼使毛共親蘇派重新投向蘇俄懷抱。

毛共看清楚此輩論點反映了一部分美國人的虛弱和癡妄心理，因此便在美國內外大肆渲染。所謂「新中國遊說團」(New China Lobby) 乃在美大行其道，向美國會參眾兩院、學術機構和工商社會團體，明的暗的百般拉攏和討好；一些親毛的公開團體如「美『中』人民友好協會」、「促進美『中』貿易協會」……都在招兵買馬，到處活動。而要求美國早日以「最惠國待遇」給予毛共，很明顯的是為了打擊我與美國經貿關係的不斷繼續發展。

離間中美盟誼

至於我在美近十萬的高級知識分子以及數十萬華僑，當然亦是毛偽施展統戰伎倆的重要對象，因為這是它想達到破壞中美關係，孤立中華民國重要的一環。所幸我在美的國人，除了極少數投機取巧、甘為利用，或一時誤於毛共「回歸」、「認同」、「和平統一」謊言而迷惑者外，絕大多數都能認清毛共的真正目的而予以摒棄。

在國際社會中，不論是外交、政治、經貿、文化、科技、體育、藝術……任何一方面，毛共的基本而毒辣的策略，是想以「強大」偽善姿態，脅持「亞、非、拉第三世界」各國，儘量將我們孤立和隔絕。由於美國和中華民國的傳統友誼，以及美國主持正義的精神猶在，因此毛共只要發現美國對我表示支持，出以助力，它就會利用其傳聲筒、走狗、阿附分子，尤其是美國人自己，施以種種恫嚇、挑撥和阻遏之計，使美國在對毛「和解」聲中，畏首畏尾，不敢出面助我而縮回其援手。

毛偽更為陰狠的一著，則為造謠中傷，以達其分化離間中美關係的目的。遠者不說，以最近「日毛友好協會」副會長張香山的言論為例，他一則造謠說去年五月俄艦通過台灣海峽，是得到我國默許的；再則說蘇俄與我國之間將交換記者。諸如此類白日見鬼的話，不一而足，其用心是十分明顯的。毛共深知美毛勾結，對我而言，是曲在美方；因此隨時隨地製造我不再信任美國的事實或情報，正好可以擊中美方心理。毛共造謠之不足，張匪奉命還以「和平手段以外的手段來解放台灣」，來對美進行心理作戰，這是十分值得中美雙方特別提高警覺的。

將中美關係的幾個相關因素加以分析之後，我想為中美共同長遠利益計，亦為亞洲和世界的真正安定與和平計，提出若干如何加強彼此現存關係，而免因一時估計錯誤導向長久不幸後果的意見。

拿出最大誠意

首先，我認為中美雙方出以最大誠意，恢復老友與盟邦應有的彼此信賴，相互尊重對方地位與利益，乃是一個大前提。三年以前的尼克森「震撼」，為中美盟誼蒙上可怖的陰影，乃為無可否認的事實。隨後美行政當局雖不下十餘次保證履行《中美共同防禦條約》的義務，季辛吉國務卿亦曾不止一次說明美毛之間絕無任何祕密交易，然「震撼」所留下的缺口和餘波，終非言詞所可很快地彌縫和平伏。

我們對於美毛之間做任何進一步的交往，由於必然損害我國利益，當然堅決反對。然美當局有其自己的盤算，常非他人所能勸阻。處此情勢之下，我們一方面表明了自己的立場——永遠站在民主陣營一方，絕不與共和談妥協，並認為「妥協便是滅亡，和談無異自殺」；一方面站在中美長遠利益的立場，不怨不尤，友直友諒，盡到老友應該提出的忠告。正因為如此，所以中美盟誼仍能經得起近年的殘酷考驗，而未完全為毛共所乘。

本此基礎，我認為當前中美關係，不但有加強的可能，而且有其必要。但這不是漂亮的外交辭令所能奏效，而須彼此拿出最大誠意，用行動來表現不可。譬如季辛吉國務卿已六訪匪區，何以不能趁其東來之便訪台一行？同時我民間大報亦已提出福特總統順道訪華的建議，俾能親自聽聽我國朝野的意見，難道怕此種舉動會觸怒毛共而有礙於「和解」進程嗎？倘真如此想法，則美執政者估計錯了；因為毛幫的對美「和解」，從頭到底，完全取決於其自身利害的需要，而無視於美方任何討好的姿態與有意的示惠。過去如此，現在如此，將來更是如此。

加強道義支助

其次，在中美雙方的文化合作、經濟支援、貿易關係、科技交換、軍事協調，乃至學者專家、民意代表、留學生以及社會領導人士的互訪與交換等各方面，檢討三年來的情形，有其繼續加強而互蒙其利的一面，同時亦有其步調轉緩，和美方因顧慮毛共而趦趄不前的若干事實。譬如說，美進出口銀行在我外交處於逆境的以往三年之中，迄於日前對中鋼與台肥，兩億兩千八百萬的建廠貸款總額達數億美元之多，顯然有助於我國歷年經濟成長。不過最近美親匪團體和一、二人士已為此提出反對意見。此外，近年中美雙邊貿易成長迅速，我已於去年居於美國貿易伙伴的第十二位（今年必在十位以內），且有為數達六億美元以上的出超；我們一方面感激美國開明的經貿政策，同時加強對美採購，以縮小美方貿易逆差，使最後達於或接近平衡。

我不得不同時指出：美政府在近年鼓勵並支助其學者專家、文經團體、國會議員乃至政府人士（六州長今年五月之行）有組織訪問中國大陸，並邀請匪幫團體或人員訪問美國的工作上，做得相當積極，且過去行政元首對毛幫人士討好過分，如接見其雜耍團等，而並未以同等或相近態度對待我國。也許正因我與美同為自由而開放的社會，各種交往大抵出於民間自動和自力支持。但我們仍然以為往年美政府的交換訪問與訓練觀摩等計畫，不但不應減少，而且尚可加強。因為這對於增進彼此了解與實際利益極有裨助。

再次，我認為美在聯合國以外各種國際機構，繼續予我以道義與實質的支援，是一個盟邦可以做而且應該做的事；況且這還是我國離開聯合國以後，當時美政府所明白宣示的方針。幾年以來，美國在這方面的確多所為力，特別是在國際貨幣基金與世界銀行等機構中所發揮的道義力量。不過我們希望美方不要因為怕得罪毛共而有所吝惜。以目前匪幫正運用各種收買、要挾、鼓動、利誘等一切手段，設法排除我在國際體壇的各種會籍，這是它妄圖孤立我們戰略戰術的又一部分，切盼美方運用其影響力量，給予我國更多原則與道義上的支持。體育團體如此，其他國際性組織或會議亦如此。

我應努力諸事

以上所述，也許為我所期望於美者居多，下面且就我方所必須做好的若干具體事項加以列舉。

㈠我們應盡更大的努力，讓美國一般「沉默」大眾，了解中華民國立國的精神，奮鬥的目標，目前在台灣的一切實況，與毛共全無自由的社會制度絕對不同之所在。由於美國政策取決於民意；我們既不能像毛共利用金錢與種種卑鄙手段，來遊說和欺騙美國人民，而我政府的宣傳報導工作畢竟是有限的。這一方面有賴於美國人民自己去了解真相，做公正的判斷，同時我在美愛國學人、留學生和僑胞，也望各憑良知，各就所見，挺身而出，站在自由正義的一邊，盡到一個中華民族知識分子的神聖責任。

㈡毛共為圖破壞中美友誼，對我百般誣陷，製造謠言並發出種種歪曲事實，損我聲譽的言論，凡我美國朋友和正義人士，務希從各方面提供實證，仗義執言，判明是非黑白；而有良知血性，崇愛自由的中國知識分子，切望根據事實真相或親身經驗，寫文章做講演，參與辯論，予毛共陰謀以駁斥，使美一般國民不致因歪曲報導，積非成是，造成對我錯誤的印象。

㈢加強與國會兩院及新聞學術界人士的聯繫並促進他們對我與對匪的認識。今天美國會中，的確有不少友人給予我們支持和鼓勵；但也有若干議員或昧於實況，或稍懷成見，或只將目光與興趣集中於一隅，甚至只為競選等個人目的譁眾取寵，發表對我不利的主張。對友我者自應加強聯繫，對後者我們卻不必，亦不應與之隔膜或對立。如賈克遜、傅爾布萊特等參議員只要他們有興趣，我們隨時歡迎他們親自來訪，讓他們就「台灣海峽兩岸中國人」的一切做公正比較。說到增進美學術界的了解，像近年「中美大陸問題研究會」以及即將在台北舉行的「中美科學會議」等，由於雙方參加的人相當夠水準，自有影響；至於新聞界的往還，實嫌不夠，雙方政府與同業都有鼓勵策進的責任。

各盡國民天職

㈣美國人對我傳統文化普遍愛好，而毛共二十五年來一面存心毀滅中國歷史文化，一面則全力篡改和偽造中國歷史文化。目前尚在進行的「批孔」運動，即為其得意傑作。近年共匪不是也大搞什麼「文化交流」，把各國學生弄到北平去學中文嗎？根據兩個多月前美《時代》週刊的報導，他們對《毛語錄》和沉悶無自由的生活，幾乎要使一個活潑潑的年輕人悶死而相率求去！今天台灣是唯一保存和代表著中國文化的地方，我們應該歡迎更多的美國青年男女到這裡來學中文。已來的應對他們妥加照顧；因為他們將來可能就是處理中國問題的年輕一代。

㈤所有由台去美的自由中國人，人人宜以無頭銜的國民外交大使自居，使接觸到的美國人都有好的印象。這對促進兩國邦交，自有莫大的影響。由於近幾年中，各地去美中國人日多，據報導其中自香港等地前往者，每每有作奸犯法之事，因此使過去一貫為美人稱道的中國青年講孝道，重家庭關係，犯罪率低的情形，頓然改觀。我們一方面希望各地中國人社會自行檢束，絕不寬容或包庇歹徒；一方面也要求美地方當局要分別善惡，絕不好把任何中國人在美做的壞事都算在中華民國國民的帳上。

要增加像美國這樣大國政府與人民的了解，真可以說是頭緒紛繁；以上所舉，不過是舉舉大者。但只要中美有心人士，都肯腳踏實地，朝著彼此有利的目標做去，稍假時日，必收成效。

自助方期人助

今天就雙方全面關係加以檢討，我認為對兩國共同利益和世界前途絕對有益。因為我國經歷了所謂尼克森「震撼」之後，一般國民全已了解今天一切只有靠自己。我們的政府則一貫的以自立自強，自力更生為其衝破橫逆，奮鬥求成的方針；過去八年對日抗戰終獲最後勝利，我們曾經依賴過任何人沒有？民國三十七、八年之際，國家命脈不絕如縷，終因奮發圖存，得以轉危為安，我們又曾依賴任何人沒有？

基本上我國今日之於美國，絕無亦不容有任何依賴心理，相反的，乃是其要想繼續作為自由世界領袖的一項資產，但絕不是強權間「講價還價的資產」（共和黨加州中央委員會最近對福特的話）。因此美國在其今後全般戰略的施展，重新建立美國領導聲譽的大目標下，對一個長久而忠實的盟邦，豈有欺矇、漠視或迴避的道理？而一味地去討好、遷就或屈服於一個潛在而狠毒的敵人？我們深信美決策當局斷不致見不及此，而其視自由與榮譽比生命更為重要的國民，亦斷不容其領導者做出其歷史上從來沒有過的背信棄義之事。

當然今後美毛關係的演變因素甚多，美俄和解與俄毛關係的曲折微妙變化可能是關鍵之所在。我國為此中利害關係最為密切之一方，固應嚴密注視其發展，而不失去任何制敵機先、行以待變的機會。而美國友人更不可在此天下未定、敵人向背難測之時，與俄毛任何一方貿然陷入「和解」的陷阱而不能自拔。最近季辛吉先生給「和解」下定義，也認為是手段，並不能保證其最後的成就，想必亦是怕「和解」完全成為對方的工具。

因此，中美雙方倘能開誠布公，彼此站穩立場，互忍互諒，共同應付有關的複雜多變的國際問題，則不獨中美兩國將同受其賜，而福特總統所謂「一個更為和平、安定與相互合作的世界」，亦不致因共產狂潮與姑息逆流的澎湃，而成為怒潮激盪中的一抹虛幻彩虹。

民國六十三年九月二十二日應教育部邀於台北演講

國民黨政權保衛戰的前提

西元一九九五年是國民黨所謂的「政權保衛年」，但打開每天台灣的報紙，偌大標題下盡是鬥爭、劫殺、災禍、「黑金橫行」等，令人不免怵目驚心，有今夕何夕之慨。

至於在朝者勇於爭權奪利，民間汲汲於爭名逐利；不然就是牢騷滿腹，怨聲載道，亦充斥社會之中。

如用一兩個字來概括或描繪當前的社會和執政黨，或可說是亂局，亦可謂之失常。有人則形容為十分脆弱，難禁風浪；更有人認為核心已腐，無可救藥……。

為什麼七、八年前，蔣故總統經國先生好不容易解除戒嚴，國家正待邁向民主多元正途，整個社會竟在很短期間陷入這般迷惘無奈的境地？不僅有識有心之士不斷吐出心聲，提出質疑，就是一般老百姓也不禁要問：究竟是什麼原因造成的？何等人士應負最多最大的責任？

國民黨慣於紙上談兵

老實說，一個長期執政的政黨，在這樣客觀條件下進行政權保衛戰，無疑是十分艱難的。

遠的不說，只要研討並查考二次世界大戰結束後五十年間，幾個民主先後進國家，如美、英、日、德等政權歸屬的嬗變歷史，就能明其大略，獲得啟示。

問題在一個保權的政黨，能否突破現實糾纏，忍痛拋棄某些既得利益，真正做到知恥知病，然後脫胎換骨，用事實（主要是黨風與政績）證明，確實在與民更始，重新做人。

關於國民黨自身的毛病，領導層及有識者並非不知。

以李登輝主席去年十二月三十日於該黨年終檢討會所發表皇皇文告為例，內容揭示的五大缺失，及如何改革的五點原則，理論上都是對的，可惜的是只點到為止。或許站在他的立場，有若干難言之隱。然而黨的沉痾，絕不會因一篇文告而產生療效。

尤為可惜可痛者，在其文告發表一個月後，除該黨副主席郝柏村提出幾點改革建議，尚未見較具體的計畫和行動。令人不能不擔心：國民黨在這場急驚風之中，依然要做老神在在的慢郎中嗎？

國民黨中央黨務小組將要專案討論所謂改革方案，會中究能有何具體決定？有無貫徹執行的決心？大家都拭目以待。因為國民黨紙上談兵，玩「文學政治」的記錄太多了。

黨德淪喪與黨風敗壞

國民黨自一九八〇年所謂「二月政爭」後，民間印象是，流派紛爭日烈、功利色彩日濃、庸俗與惡質化趨勢嚴重；再經民進黨等反對人士窮追猛打、挑剔離間，社會大眾在痛心失望之餘，只有用選票來表達內心不滿。

這便是五年來，國民黨在歷次不同選舉中，得票率逐次降低的基本肇因；也是各方輿論所以不斷揭批指責，和警惕規勸的由來。

論者認為，國民黨當局近年第一個大毛病，就是黨魂黨德淪喪、黨風黨格敗壞，從而導致中國國民黨變成一頭四不像的怪獸。甚至使得原本沒什麼問題的中華民國認同，也開始模糊化。

這麼一來，請問一個老舊執政黨，如何會不陷於分崩離析，各行其是？

領導品質日見惡質化

其次，就是國民黨的領導品質日趨庸俗和功利，也就是目前對該黨指斥有如萬箭穿心的「黑金政治」。

國民黨與地方派系結緣，係四十年來的老問題。但晚近為辦黨立功、勝選示能，而不惜與暴發財團、唯利派系乃至惡幫黑道，相互勾結，彼此為用，不可不謂是近年台灣的政治奇蹟。

今天民進黨對執政黨以「黑道治縣、金權治國」大加撻伐，國民黨能不反省是自作自受、自取其辱嗎？

其三，近年對國民黨指斥最多的，應是黨內的人事政策和領導作風。

在過去威權體制時代，這方面當然同樣有問題。不過由於領導層本身的自約，同時黨章賦予領導者最後裁量權，加上黨的種種規制力求踐履，大致還能依章行事，規從上始。因此人事上尚無門戶之見，領導上也還能貫徹到基層。

近年卻另有一套做法，每每形成一股歪風。別的不說，就以黨紀為例，同樣是違紀競選，處理上卻有完全不同的雙重標準；用人則更是漫無章法，多唯關係利害是視。

試問，這如何能令一般黨員與幹部心服口服？又如何能杜悠悠之口，阻投機取巧、鑽營奔競之途？

貧富差距拉大的後果

再就是大家認為執政黨近年最大敗筆之一，是不僅未能拉近貧富差距，且助長社會資源分配不公。就連國民黨籍財政部長亦認為，大幅調高遺產及贈予免稅額，極不合理。

十餘年來，國民黨在土地及某些財經措施上，製造了不少財團金主，而當權當事者又復與之密相結納，引為奧援，實為「金權政治」厲階所自。

如今國民黨已開始要付出代價，有朝一日是否還要付出整個政權作為報應？

略加綜述國民黨這些致命傷及病灶，實非故揭瘡疤，要它好看。相反的，乃是厚望其全黨上下，在剛結束的省市長選舉勉強勝利後，即將面臨年底立委全面改選，及明春總統直選更嚴酷挑戰時，能面對自身病根，能以壯士斷腕的決心，力矯重症，痛改前非，而予黨人和國人耳目一新之感，以完成艱苦的政權保衛戰。

立委、總統選舉是決戰

說年底立委改選是國民黨政權得失第一役，係指它能否贏取全額一百六十一席的過半數（即八十一席）？

以目前立院生態，和國民黨目前遭遇的大環境及其整體形象言，縱非不可能，亦必十分艱困。

因民進黨要由當前的五十席，進取到對外宣稱的六十五席，只要它能消除內憂、廣納人才，再沖淡一些台獨色彩，擴大「陳水扁效應」，選民可能進一步讓它來制衡國民黨。

至於新黨，亦宣稱要由現有七席擴展至十五或二十席。當然亦不是沒有機會，但看它今後半年的作為，尤其能否在中南部獲得較多的同情與支持。

即使國民黨未來在立院不能掌握半數以上議席，並不證明其政權已經或將要失去。重要的還在總統寶座，究將落入何黨何人之手？

國民黨為了確保政權，不論立委或總統直選，必然使出渾身解數，動員一切可能的資源與力量，來作殊死戰，以期贏取勝利。

團結、貪腐、效能，國民黨三大病

這些年來，國民黨最大缺點與弱點，已如前述。而常識性談論最多、影響亦最為廣泛的三件事，莫如「團結、貪腐、效能」。

就團結而言，自不止於其內部派系的傾軋纏鬥；事實上近年統獨之爭、省籍情結，乃至國家認同與黨的定位，都與黨內團結息息相關。

說到貪汙腐化，幾乎與國民黨畫上了等號。各級民代與黑道掛鉤者，據刑事局估算已超過一百五十人；全省四十二位縣市正副議長，半數以上已因賄選被起訴；而目前鬧成軒然大波的台省、高市副議長賄選案，正方興未艾……。

如何全力並加速查個水落石出，對老百姓交代清楚，不僅關係司法尊嚴與政府信譽，更與執政黨未來選戰勝敗密切相關，甚至互為因果。

「效能」本是衡量一個現代國家與政府，最重要亦最公平實在的準繩。雖然難以用數字一一判明，然而各種不定期、但數據確鑿的民調結果，大致亦可反映出。就這方面來說，執政黨無疑有太多令人失望和氣結之事。

成敗關鍵在真的改革

國民黨政權保衛戰的成功機率，繫於其如何具體有效改進這些核心問題。「多一分改革，就多一分成功」，此乃民主體制下，放諸四海皆準的政治鐵律。國民黨今後何去何從，孰取孰捨，豈待智者而後明，相信當道應會知所抉擇，進而有所作為。

民國八十四年二月於《風雲》雜誌發表

國民黨還有什麼路可走？——一線希望寄於黨員挺身而出

中華民國第十任總統大選，經過將近一年多的激烈競爭，總算和平落幕，大家都有如釋重負的感覺，現在全民都把希望和願景寄於未來。

百年老店、在台執政逾五十年的國民黨，毫無疑問此次是一敗塗地，因為它所推候選人，在黨政資源交相運用，黨機器投下近乎天文數字的金錢、人力與物力之條件下，竟得不到四分之一選民支持（實為23.10%）。相反的，被國民黨高層逼走的獨立參選人宋楚瑜，於國、民兩黨全面夾殺之下，卻能贏得36.84%，只比民進黨當選人陳水扁少2.5%不到，幾乎無人不認為他得來不易，雖敗猶榮，如能好自為之，應該有其廣闊的政治之路可走。

選後輿情分析，絕大多數認為執政的國民黨慘敗，幾乎可以「勢所必至，理有固然；咎由自取，罪有應得」十六個字來概括一切。綜合一下究竟為什麼呢？

第一、國民黨近年的加速腐敗，到了有良心黨員與一般國民無法忍受的地步。不說別的，自中央以至地方的黑金橫行與政商勾結，誰都看得出是國民黨高層一手造成，所謂公平正義與道德法制，每每蕩然無存。

第二、近年該黨的領導作風，造成黨的嚴重分裂。就政策面言，是一人或少數人的意見高於群體，加上領導者的予智自雄，目空一切，因此言路阻絕，幾乎看不到、更聽不進不同或相反的意見。若談黨的組織體系與運用，連各級黨工都批評愈來愈「衙門化」，在此次頓遭「滑鐵盧」大敗後，自謂估票錯誤至少在百萬以上，豈是偶然？再論全黨領導方式，除了一言堂外，就是相當徹底的家父長式。譬如說：宋楚瑜與連戰搭配，迄為全黨公意，但領導人卻一意孤行，排宋於門外。今日何日，難怪黨員要怨聲載道，相率背離。

第三、黨員與選民求變望治之心如此迫切，國民黨當道的反應實在太馬虎和冷漠了。姑不談消弭黑金政治、改良社會機制、穩定兩岸關係……這些大事，就以救助「九二一」震災這件急事而言，執政者什麼地方顯示了高效率？如此這般，有一點義氣與見識的人，為什麼還要選它？

只就此等舉舉大端而言，國民黨如果不要再矇騙自己，目前實在有些走入死巷的感覺。從常情分析，凡面對死巷者不外想從幾個途徑可以脫困：㈠拘守死巷，過一天算一天，一切聽天由命。㈡幻想奇蹟出現，有神靈從天相救或指引。㈢迂迴曲折找出路，硬闖必然頭破血流，甚至送命。㈣回頭是岸，脫離死巷，再奔前程。

國民黨當局和一般死忠或具改造意念者中，可能都有不一樣的想法與選擇。然比較理性而有確定感一些的路，似乎應該是第四條。因為雖然走此路較為費時費力，但畢竟可以操之在我，求之在我，亦可成之在我。

果做如此抉擇，就是有良心血性與勇氣的黨員同志們，必須勇敢而不失時機地挺身而出。大家不要以為沒人帶頭，成不了事；而只須認真面對此一空前的大變局，有志一同地發出聲音，採取行動，就必能一呼百應，沛然莫之能禦。自然，比較年輕有為，而具救黨求治之士，理應站出來登高一呼；只求國民黨痛下決心，徹底改革，而無任何個人得失利害摻雜其間。

具體而可行的步驟，識者認為大致如下：

㈠按該黨黨章規定，要求於半年內召集臨時全國代表大會，推出新的黨代表，重組中央委員會，並就選前選後黨的一切缺失徹底檢討，制定改革方案，貫徹力行，同時全面改組領導層。

㈡黨魁對重要選舉敗選立即辭職，乃民主政治之通例，美、日、法、德都有近例可按。國民黨在這次總統大選中敗得如此之慘，姑不論其現任主席李登輝先生是否真如各方報導，他在決勝階段，確有「棄連保扁」之嫌，即以身為掌舵黨魁而言，他絕對應為敗選負主要責任。黨員固可理直氣壯、名正言順地做此要求，眾信李先生本人勢必及時引退，儘快交棒，一則使黨有浴火重生機會，同時亦可勉維其自身民主風度。

㈢倘黨的領導人不此之圖，而仍想以羔羊代罪，自身卻老神在在，把持不放，則其後果必然十分嚴重。也就是說：如果逼得黨員忍無可忍，不惜以集體抗爭行動，走上街頭，包圍黨部，那不僅黨及其領導人顏面及威信盡失，且將讓社會付出重大成本，而國民黨亦將永無翻身再起的機會。

㈣對於業已出走的宋楚瑜以及前後被除籍或疏離的領導菁英，似不必勉強召喚回來；不要說其間主客觀困難重重，當事人亦未必首肯。此等人士當中，或已組黨（如新黨），或準備組黨（如宋），或為黨友（如陳履安），或超然自在（如郝柏村、林洋港等），由於這些人愛國愛民，向來無可置疑；只要國民黨本身爭氣，真能洗心革面，彼此今後總有種種相互合作，乃至共同為台灣打拚的機會。

作為一個六十年的國民黨人，想來想去，國民黨如不忍見自己從此走入歷史，而其一百零五年前創黨建國人孫中山先生的理想與主義不致由此中絕，捨以上各途，真不知它還有什麼路可走？

民國八十九年三月二十日於《中國時報》發表

冷靜看大陸變局和中國未來

日前應中華電視台之邀，為其國是系列專題做了一次講演，我的題目是：「一個新聞工作者看中國未來」。

我在講稿中曾經分析此次天安門事件發生的根本原因，也曾預測中共在血腥鎮壓之後如何收場的政策走向。

其中有這麼一段話：

不顧整肅後果

「中共頑固派鐵下心來決定走高壓的路，他們自知要付出代價，而且這一付出是會延續相當一段時間的，然而他們病急投醫，狗急跳牆，自然就顧不得太多後果了。而且根據共產黨人一貫的邏輯：權力是現實的，你一旦失去，可能永遠失去；知識分子還是怕死的，因此『臭老九』（毛澤東罵讀書人的得意名詞）造反是成不了大事的，而人類共同的一個弱點就是健忘，天大的事情總有雨過天青的日子……。環繞中共這一套唯物辯證理論及其長期外鬥內爭中血的經驗，在未來一段時間之內，它一方面必然會繼續清除異己，加強思想控制和政治迫害，以防知識分子的乘機再起，另一方面則在粉飾太平，偽裝無事之後，進行共黨內部的自我調適，並強調繼續對外開放，加強經貿建設，用民族自尊和生活改善一類慣施的口號與幻景，來博取一般善良而不明就裡的老百姓的雌伏。」

矛盾衝突加劇

講演剛完，廣播中即傳來，中共為血洗天安門後做善後工作的十三屆四中全會已經開完，趙紫陽等一如眾所預測的以「支持動亂、分裂黨」的罪名遭到整肅，江澤民在「既鬥爭、又妥協」的權力遊戲中應運而起，而所發公報中則高唱「四大堅持」，不回「鎖國老路」，強調其所謂「一個中心，兩個基本點」——以經濟建設為中心，堅持四項基本原則，堅持改革開放。

現在馬上就來為江某出任中共總書記以後的政局下結論，不但為時太早一點，而且不免失之主觀。想得到的，就是飽經憂患、歷遭浩劫後的中國老百姓也要看看鄧小平下一步究竟如何搞法？

中共在這一場大風暴過後，不僅民心盡失，民憤難平，而其軍黨老頭頭鄧某等卵翼下的這個班底，試問有什麼法寶可以收拾這付稀爛的攤子？學運以前中共各方面的漏洞、毛病、死結不獨依然存在，而在未來一段時期內，由於黨內裂痕已深，矛盾衝突不獨無法撫平，且會變本加厲，愈演愈烈。因其絕症所在，乃是閉關的回頭路自知絕對走不通，而半閉半闔、半真半假的開放路子，也必因其死守教條與政治恩怨所阻絕。其中最大的問題，自然不是國民經濟生活，在其現行政治體制與政策作為之下，是絕對搞不上去的；通膨、外債、失業率、政府赤字、外資裹足、基本建設停擺……等一切數據的顯示，老百姓今後的生活條件將更為艱苦，遑論有什麼進一步改善的可能！

埋下定時炸彈

由此判斷目前以及未來三、五年的中共領導班子，對於如何餵飽十億以上中國老百姓這一大課題，將是一籌莫展。等到百分之八十以上的農民，也對中共當政者感到失望而怨聲四起的時候，不要說像這次北平大規模的學生示威，會激起更大更多的呼應，而且任何一地的不滿行動，都必使中共窮於應付。此一情形，特別是在鄧小平無力視事或一旦死亡時為然。到那個時候，知識分子的義舉將不會像這次，以及以往幾次那麼顯得局部或孤單一些。吾人深信中共這次如此無情冷酷的對待只要求體制內改革的學生，無異埋下無數顆定時炸彈，而終必自食其果。這幾乎是舉世一致的看法，且看中共有什麼高招和魔法，可以逃避這百見不爽的歷史鐵則！

內部分裂悲劇

老一派的中共在三、五年內必定先後死去，一般預料新起者（李鵬、江澤民等以後）是否會變得理性溫和一點，這是今日各方面觀測中共局勢者的一種期待；但如果中共黨與軍、中央與地方不能夠產生一個共同信服的領袖，中共內部以及大陸各省有無分裂的可能性？從各種情況來思考，這種可能性不能說是沒有；目前廣東、福建、海南乃至四川各省在經濟上不就有些特殊化嗎？

尤其是中共軍隊，如果有一天發生部分不聽指揮或擁兵自雄（目前已見若干跡象）的局面，則此一可能性更為加大，但萬一因而演變為北伐之前軍閥割據的局面，甚至爆發為內戰，那將是中國更大的悲劇，亦是中國人的更大不幸。

因此我們寧願看到中共內部起變化，最好能出現一個或一批能引導中共發生質變的人，那麼中華民族的元氣還能保存一些，且待時勢的發展，走出一條中國人大多數可以接受，也走得通的道路。不管這條路是否背著自由民主的大招牌，只要實質上是向這一時代潮流與民心需要的方向發展就好，這自然比再靠槍桿子打天下和出政權要好上百千倍了！其實這又何嘗不是我們最後希望：以「台灣經驗——民主、自由、均富」達到和平統一的另一種表現。

注意幾種變數

在這大陸未來三、五年之中必起重大變化的歷史性時刻，有幾種因素必然發生重大的影響力量，值得吾人特別注意。

不論中共的所謂第二、三梯隊是否真正能使其內部發生質變，無容置疑的第一個重要因素，還是大陸知識分子的全面覺醒。希望由他們來帶動比這一次更多的群眾由同情而支持，由支持而參與，進而使工農兵的一部分也能和知識分子一般，要求執政者大幅度改革與放鬆對人民的百般箝制。這種情形與這些年來匈牙利的自由化，波蘭團結工聯在政治上日趨於主導地位有些相似，但未必相同。

既然中共死死抱緊的「四個堅持」框框，到頭來因為解決不了任何問題而必然趨於崩裂，目前大陸知識分子的暫時趨吉避凶乃是絕對必要的，而各方面，尤其是台灣基地對他們的長期精神與物質支援，更是不可或缺的。

台灣善自珍惜

同等重要的一個因素就是台灣。不論復興基地在這次大陸變局中發生的作用，到了何種大的程度。然而它的存在，它的成就近年更使億萬大陸同胞親自接觸到，進而做了比較並發出種種疑問：共產黨搞了四十年為何一窮二白？被罵為走資路線的台灣為何人人生活富裕，行動自由？此一人類天生的欲望在知識群必然感覺最敏，亦反彈最力。

台灣同胞藉著西方媒體以及國內新聞界的勇於採訪，親眼見到了共黨的狠毒；特別是年輕一代，不曾與共黨有直接交道的人們，更是上了血淋淋的一課。但望無數青年用鮮血寫成的這一頁歷史，能時時並長久存藏於海內外同胞胸臆之中，不要因時間而沖淡，不因事過境遷、不因中共再一波的笑臉攻勢而忘了敵人的狠毒，從而警覺到對未來中國的責任。

有了此一共同的體認，台灣今後真要更加珍惜自己。如果我們不關心中國的未來與民族的前途則已，否則就絕不可看輕自己，作賤自己，更不可因爭名逐利，而自壞長城。須知今天唯一對中共構成威脅的有目標、有組織的力量只有台灣，而在民主自由與民生樂利上，對大陸同胞最具吸引力和認同感的也只有台灣；今日台灣之可貴在此，對未來中國舉足輕重的道理亦在此。

重視國際因素

再一對中國前途必然發生重大影響的因素，當然是國際力量。儘管中共數十年來在國內發生重大問題時，一貫強調不對外力屈服，但美蘇兩大強權以及日本與西歐各國對未來中國問題的動向，其互動關係乃是非常密切的。

遠者不說，以鄧小平主政的所謂十年開放期間而論，中共無疑最為重視的是它與美、蘇的三邊關係。對這兩大超強而言，中共有所取，亦有所失，有所依恃，亦有所趨避，有所期待，亦有所顧忌，此種現實利益的矛盾與進退兩難的窘態，其所表現於對蘇關係上尤為敏銳。

此次大變局之後，到目前為止，美蘇對中共關係基本上仍無重大改變，然而二者對於未來中共的走向，必然更加關注；因為它們當前得來不易的三角平衡關係，一旦發生畸輕畸重，對三方面以及全世界都有極大影響，而日本與西歐各國亦必首當其衝。就天安門事件而論自由世界，除美國態度反應較為積極外，其他大抵對中共採取容忍和觀望。

未來中國命運

冷靜地從天安門事件看未來中國的命運，我們一方面是憂心忡忡，欲哭無淚；一方面仍必須對共產黨最後必垮有信心，對中國人被逼上梁山時拚死一樣的民族性有信心，對我知識分子在絕望之餘，依然會本著良知血性投袂而起，視死如歸的節操有信心。此所以曾有四十四年黨齡，因本著良心說話的讀書人劉賓雁終遭開除黨籍後說：「因為我對中國人民有信心。……死亡、苦難和不幸鍛鍊出一種力量，推動社會向前。」

千真萬確，這種力量不獨存在於正做垂死掙扎的中共暴政之下，即在中外歷史上更是所在多有，史不絕書。民治思想的開山祖盧梭曾問：「連斯巴達和羅馬都滅亡了，還有那個國家能期望永遠存在？」答案是「沒有」，指的當然是那些窮兵黷武，視民命如草芥的暴君與暴虐政權。

暢銷書《浮華之火》的作者沃爾夫在哈佛大學一次畢業典禮上說：「二十一世紀的競爭將不是經濟和軍事之爭，而是價值觀之爭。」此「價值觀」為何，仍然是數千年來不知流了多少鮮血，犧牲多少民命所追求的人性尊嚴與生存權利，而自由民主這些不可或缺的價值標準，正都植基於其上而賴以生存發展。

由於中共當政者始終迷信軍事武力，崇拜權力萬能，當它邁向二十一世紀這一新價值時代的關頭，竟然敢冒天下大不韙，與絕大多數中國人為敵，如此傷天害理地屠戮青年，整肅異己，我們對它終必倒在民主聖壇之前有絕對信心，而於當前中國的未來亦因此更加充滿希望和信念。

民國七十八年六月二十八日報刊發表

民國百年的艱辛和前景

時間過得真是快，轉眼就是民國百歲之齡；今日對每一流著中華民族（當然不僅漢族）血液的人而言，這固然是一個與己身默默相連的重要年代；而對一般世人來說，不管他（她）了不了解、知不知道這個國家的一切，個人以為：只要他（她）生存於此百年之間，都直接間接及有形無形地會受到若干影響！

這是民國存在的人際關係，也是它昭昭在目的歷史事實，且看它未來如何自強發展，貢獻其多少已受肯定的普世價值。

時代劇變的特徵

我以較民國小九歲之人，基於家庭、就學、服公、專研以及很想「地球走透透」

的興趣……等因素，自然目睹並身經這近百年來的種種變遷。因此我想先就這個時代的劇變，試做一點簡淺的剖析，以就教於讀者和國人。

個人認為二十世紀到來以後，人類面對最顯著而普遍的變化，應該是新的思潮洶湧，強權爭霸空前激烈，如視之為最大的時代劇變，應不為過。

造成此種巨變最基本的原因，稍有知識和視界的人都會認出：主要由於歷史發展與時代演進。人們只須略一回顧十八、九兩世紀及其前後的世界史實，就能體會到：歷史是人創造的，潮流也是人掀起的，而人類本身的命運，更是自己與相互關係所決定的，關鍵所在就是權力的掌握和利害的拚鬥！此所以時代哲人狄更斯(Charles Diekens)於其名著《雙城記》中，十分感嘆的說：「我們的前途擁有一切，也一無所有。」中國古聖孔子更於兩千五百年前於所述《論語》中昭示：「日月逝矣，歲不我與！」

個人以為：中外古今多少聖哲都類似的感時傷逝之詞，他們並非悲觀，而在警惕世人應朝互利共生、光明良善的一方力求進取！至於能真正做到多少，就決定了人類的命數。

血淚凝成的民國

現在就以我們自己的家國——中華民國為例證，一則反映時代潮流的衝擊，幾乎所有大小國家都難以閃避；二則舉證國家遭際的險惡，自身弱點和外來強權的互為因果；三則如何面對以上種種無情的事實，讓百年來無限血淚凝成的這個國家，尚能繼續生存求進。

稍涉歷史的人都了解：人類自新石器時代進展至今，大約有七千年上下的紀錄。中國由於地理環境、人文拓展、國民勤奮……等立國最基本的因素相當強勁，因而自三皇五帝開始建國，已有四千五百年斑斑可考的史實，蔚為舉世公認的三、五個文明古國之一。

遠者存而不論。以本文所涉最近兩百五十年以來，時代巨輪所予中國的推展，特別是百年民國所遭逢的挑戰，真是十分殘酷而嚴峻。

史家每視十七世紀晚期至十九世紀末葉以後，為世界強權政治最為肆行，殖民主義無遠弗屆的年代。此一正是滿清王朝入主整個中國的時期，初始尚能憑其強勢撐持大局；迄於十八世紀，列強視其羸弱自閉，紛紛扣關施壓，攫取特殊利益，其間自以一八四一年英中鴉片戰爭，中國因戰敗而原型畢露最為關鍵。

次年八月二十九日清廷任英宰割，在十分屈辱下訂立的所謂《南京條約》，乃是爾後百年間，列強單獨或聯合以不平等條約劫掠中國的典型。其中最為突出的，則莫如一八九五年中日因甲午戰爭所訂「和約」，以及一九〇〇年因山東省民以「扶清滅洋」起義，造成英、法、德、俄、日等「八國聯軍」合力平亂後所訂協議！

這些史實，既說明了滿清政府腐敗無能達於極點，其滅亡指日可待，同時更予國民省覺機會，只有將未來命運寄託南方革命黨人了。

坎坷百年的命數

令無數讀者每每十分沉痛想起：當年所謂南方革命黨，只不過是口耳相傳，有一位學醫的孫先生，在港、澳、廣州等地與少數友好結納，冒險上書當道（指李鴻章）要求改革不成，因無立足之地，更少行動資源，只好奔走海外華僑較多的美西各地，尋求一點支援，這便是一九一二年民國誕生於武漢起義前，大約十五年左右的歷史背景。

在此理應約略一述的，當是這位建造中華民國的孫中山博士，如何赤手空拳，冒死犯難地奔走呼號，結合同道同志，終於初步達到了目的。

最簡切的回顧，當為一八九四年組建了第一個革命團體興中會於夏威夷的檀香山。接後十年，這位革命使者，常常匹馬單槍，節衣縮食地四處奔走結緣，而於一九〇五年七月杪，與志同道合，兩年成立華興會的黃興（克強）先哲聯名，推誠合作，集結其他僑學多個政團，合組「中國同盟會」，這一步無疑大有助於建立民國的綜合力量。

至此，且讓我們冷靜省悟一下百年以還，自己國家的坎坷命運。

先是民國元年至十五年前後，尋求全國統一的道路及其成功的可能性。稍一回溯這段期間，初有國民黨內採行總統或內閣制之爭，嗣因黃克強等諸先烈以大局為重，推請孫中山為臨時大總統。不久又因孫氏行蹤不定，且為內外情勢設想，乃讓位予野心勃勃的滿清餘孽袁世凱。民國五（一九一六）年一月袁某公然廢民國共和稱帝，自然造成復舊與創新的強烈對立，這便是這十餘年一團大亂局的根源。基因還是擁兵者搶占地域和爭權。

繼之則為民國十五（一九二六）年至二十五年，史家每視此為民國轉型趨於穩健的時期。蔣介石自孫先生於十四年逝世後，因黃埔建軍有成，繼為國民黨領導人。他本著既定政策，決志北伐，追求國家統一，因這是久亂中的民願，從而兩年初成。

當此國運頗見轉機，內外兩股反對力量乘時而起。內部當然是毛澤東、朱德等自湖南暴動起家，得蘇俄暗助的中共崛起為敵；外則主要是日本帝國野心，不惜以戰爭為手段，繼民國四年《二十一條約》之後，劫奪中國各種資源。處此雙重壓力之下，民國尚能力求自保，殊屬不易！

接著就是民國史上最為艱困、最受挑戰，亦最屬關鍵的自二十五（一九三六）

年至三十八（一九四九）年約十四個年頭。大家都了解：日本軍閥於二十六年對我發動全面侵略戰，執政國民黨的死敵中共，卻利用當局困於抗日機會，使出軟硬攻守雙重策略，大肆擴張。三十四年日帝戰敗投降，北極熊蘇俄為自肥先發制人，竟在東三省要區力助共黨。不幸執政的國民黨又自甘墮落，幾乎全面貪腐，乃釀成節節敗退，最後於三十八年徐州、上海兩大戰役慘敗後，由老蔣帶領殘部，勉力退來台灣。

這一幕悲痛的史實，不論身歷其境或閱悉其事者，無不感慨萬千，在此無待多述。

要緊的，自然就是入台治台這一甲子，究竟如何苦度，而有今日立足自強、建設發展的機會與地位。

台灣的前景何在？

提到今日兩千三百萬台胞人人都極關注的此一話題，當然由來有自。不說別的，單以民國百歲落腳於此，已超過六十年，占其生命六成以上，如何不與近三、四代人生死相依，禍福與共？

且讓我們就此一漫長歲月先予回顧省察，再客觀冷靜地評估當前主客觀情勢，從而確認自身應如何奮發圖強，充實己力，以肆應未來台海及兩岸一切可能的變局！

先將過去一個甲子，姑劃三個階段，分別以二十年為期，扼要檢視一下：

從民國三十八（一九四九）年至六十年左右，可以概括為從無到有，自強圖存時期。台灣從日本占領五十年，於一九四五年回歸祖國時，簡單一句話，就是一窮二白。加以當年國民政府腐敗無能，造成民不聊生，暴亂迭起，「二二八」事件即其一例。

老蔣先生帶領百萬軍民，從大陸初抵孤島，外有強敵當前，內須安撫窮困，其處境之艱危，可以想像。經十年多軍民上下拚命努力，到民國五十年代中勉強站穩，美國等邦交國為自身利害，每施援手，自亦有助。

進入民國六十年代以迄八十年第二個二十年期，則是從安穩中更求進步，亦是台灣全力建設，力求現代工業化的年期。頭四年仍在老蔣繼續專政期間，大陸則當「十年文化革命」的餘波盪漾，兩岸關係繼續對立；到六十八（一九七九）年蔣經國由閣揆被選為總統，雖有前一年底中美斷交的風暴，但這是朝野意料所及，因而並未釀成災難。

很明顯的，經國首任五年的基本方針，似可以「確保安全，加強改革，擴展建設，邁向民主」十六字概括。等到七十三年連任之後，則更放大腳步，朝「自由、開放、法治」的大道邁進。具體行動最為顯著，則為七十五年十月宣布依法解除三十餘年的戒嚴法，次年「黨禁」、「報禁」自然取消，同年十一月中通過大陸探親辦法，兩岸交流密切下，敵對自然鬆懈。尤其當時中共領導人鄧小平的「改革開放」決策，與蔣經國路線，恍若不謀而合。

提及第三個二十年期，也就是大家切身體驗的民國八十年迄於今日。由國民投票先後選出的政府領導人——李登輝、陳水扁兩位先生，相繼掌權直到去歲五月，由國民黨比較年輕一代接手。此亦足證明選民大多數，永遠只問國家利益之所在！

關於老李主政前後十二年，阿扁處位八載，其是非功過、公私得失，至少十五寒暑以來，國內外各方人士與傳媒，以及一般選他、反他和中間選民，都有種種不同評論指責，乃至後悔、痛心，無待詞費。

最關重要的，當然是這關係民國應可大力充實、台灣足以全面發展的黃金年代，是否因主政非人而受到莫大損傷？於今新一代的馬英九等能否予以補救？更與國人利害息息相扣者，則是至少未來十年台灣的前程遠景究將如何？

互利雙贏怎麼走？

回到本文的主旨，民國進入百年，六成時間是在台灣艱苦度過。這不是十分明確說明：兩者命脈相共，實際凝為一體嗎？雖然到目前為止，台灣與中國大陸在軍事上，繼續藉新式飛彈而強勁對立，政治上因主權形質而難求妥協；但在經貿層面，已簽合作協議（ECFA），愈來愈擴大增值，文化方面於本年九月初，對岸文化部長蔡武曾率團來台，雙向旅遊則更是每日絡繹於途，明歲八月陸客遊台將免簽證。

處此種種情勢繼往開來，今後兩岸關係基本上還會進一步和善發展，而亦只有彼此相容，大小互助，才能達致兩利雙贏，使中華民族在此人類共同生存的地球上揚眉吐氣，並真正受到尊重。

回想十一年前，我與內子在烽烟貧困中，居台恰滿半個世紀，自然感慨深沉！當（民國八十八）年六月，曾撰著《跨世風雲》一書，由九歌出版發行。〈自序〉中我這樣寫道：

為時五十載，在歷史長流中，也許僅是浪花波影。但由於曾與這片美麗的土地共患難，同命運，與迭經歷史傷痕的同胞們生死相依，榮辱互共，因而自然形成了愛台情結，更切望它繼續成長壯大，永獲自由安全，進而對整個中華民族的光耀興盛，有其地緣與時代性的貢獻。……

時至今日，此種心情與願景，真是與時俱進，更見強烈。一方面喜見中國因日趨開放、大力建設而崛起；舉例言之，其外匯存底達兩兆四千多億美元，高居世界首位，明（二〇一一）年第十二個五年計畫，將側重社會管理，拉平貧富懸殊諸問題。但其治國政策路線，可惜至今還在全面避開民主選舉、法制治理、政黨輪替這條大道。

回頭再客觀評估一下在台灣的中華民國，其優缺點及其處境前程，拙文已多所涉及。最簡截了當地說：它在無限艱辛的內外環境下能有今日，良非易事，前景究將如何，十九要靠自己。論其經貿科技各方面的表現有目共睹，而其現行民主憲政，要想刺引對岸中共，則尚須多面向的自強自約，樹立範型，讓人評抉。

結語

一言以蔽之，這些是民國進入百年各方面共同期許，當然也是身為一分子的我等，有生之年絕對應該盡到的義務。因此切望兩岸同胞，不分地域、族裔、黨派、職業、信仰……，為了互利共贏這個總目標，主動摒棄任何恩怨情仇，大家同心協力，各盡所能，悉力以赴，不達目的，絕不中止。

這是不是我們紀念民國百年艱苦、開拓台灣前景光明的大義正道，還請讀者先進賜予指正！

民國九十九年十二月二十五日刊於《中華日報》諸報誌

第三篇

兩岸關係的演變和展望

台海兩岸目前可做那些良性互動？

據近日各方報導，中共可能在本月下旬召開十三屆八中全會，而我們的國家統一委員會已定於二十三日召集全體委員會議，之前且要舉行一次研究委員會議。雙方會議果都如期召開固是一種巧合，彼此議程自亦大異其趣，然而兩岸之會，必然就一年左右以來，雙方來往的利弊得失做出檢討，也可能就未來的發展和走向，做若干預定的計畫與估量。預料所及，彼此都會為有利於自己一方的措施多做籌謀，這本是理有固然，而不必多所苛責和苛求的。

站在兩岸關係經過近四年交往，也很難再做人為阻擋的立場，究竟雙方領導當局宜做何種導向，民間各方宜做何種配合，才真正能「為中國的統一事業創造有利條件」，今天實已到了一個關鍵時刻。

降低敵意當務之急

個人認為降低雙方領導階層的疑忌與敵意，應為當務之急，亦應為逐步可以做到的事。兩岸執政當局如果從北伐以後算起，歷經六十餘年的拚鬥對立，以及雙方完全不同的意識型態與政經體制，說要在極短時程之內，盡棄前嫌，握手言和，乃是絕不可能，甚至是不近情理的事。職是之故，雙方要消滅疑忌，化除敵意，進而積極地、逐步地表現善意，建立互信，乃為推展良性互動不可或缺的基礎。

我以為造成雙方目前疑忌不滅，敵意如故最大的關鍵點，就是台灣怕中共「以大吃小」，不願見中共在現行制度下「以中央對待地方」，尤其中共以反台獨、反外國干預為名，「不放棄對台用武」，使兩千萬台胞由恐懼而生怨恨。而中共也十分厭惡台灣想對大陸搞「和平演變」，有朝一日把中共拉下馬來，而對於最大反對黨民進黨要分離國土，建立「台灣共和國」，更是深惡痛絕。在彼此內心深處存在著這種不解之結，試問如何可能培養信賴，做出善意回應？因為任何一方稍微讓步，甚至謙抑一點，都可能被解釋為懦弱低頭。如此錙銖必計，皆睚相報，自然就會落到今天這般局面。

玉石俱焚絕無贏家

為了移去兩岸關係發展這一最大、也是最頑固的絆腳石，當今之計，實在已到了中共鄭重考慮應否及時宣布「放棄對台用武」的時候。正如中共一再解釋，其原意絕非要用武力打同胞，而是要嚇阻台獨與外國勢力入侵。平心而論，中共在語意上並無多少可挑剔之處，問題卻在於動武兩條件如何解釋，並使之根本不致發生。

有識者曾為雙方建議，一方面中共以某種方式宣布不使用武力達到統一，同時台灣方面也正式宣布並保證不搞獨立，並摒棄一切外力介入兩岸糾紛的解決。此議不獨代表很多方面的善意，而且只要時機成熟，也很可能是一條可行之路。就現階段而言，中共似乎從未認真考慮過；尤其當目前台獨氣焰高張，美、日等國某些政客的言論頗有縱容台獨之時，中共當然不願也不會做此之圖。不過既然兩岸都強調：

繼續交流不可避免，且對雙方都屬有利，則此一從宏觀與長遠處著眼的根本問題，實在值得雙方執政當局，以及反對黨有識人士的用心思考和妥籌長策了。

誰都了解：中國共產黨、國民黨以及民進黨三者之間對台灣前進的處理，可以說是盤根錯結，充斥著許多矛盾與衝突的。然而矛盾之中，並非絕無得到統一的因素，而衝突之間，也並非絕無平衡點可尋。譬如說：三方面都強調重視兩千萬人的福祉，誰也不願見台灣陷於一片紊亂，甚至搞得玉石俱焚；萬一弄到那步田地，不僅誰也不是贏家，誰也得不到好處，而且不折不扣要成為國家民族的罪人，歷史亦絕對不會饒恕的！

文化交流可做甚多

既然如此，還是只有走彼此容忍，相互溝通，逐漸增進了解，慢慢建立互信，從而由磋商談判，並真正依據民意歸向、國家前途與制度發展來求得問題的合理和共利的解決。

如果這是一條可行而必需走的路，那麼目前兩岸的交流與互動關係，就應該繼續加強，而不能讓其停滯不前，僵化不進。

以近半年的情形而論，雙方都承認兩岸關係並無任何好的進展，原因不僅是兩方當局隔岸喊話依舊是老調，民間因漁船及走私引起的糾紛，也傷了某些方面的和氣。而蘇俄的大變局、兩岸經貿發展以及「台獨條款」等，無疑也使中共的對台工作需做全盤檢討和策進。

由近月所表現的幾項重大事項來看，譬如海基會於十月底前往北京互商打擊海上犯罪，中共準備成立與海基會相似的對口單位（大可不必在「對口」與「對等」用語上做文章），以及此次漢城亞太經濟合作會議，中共、香港與台北同時正式參加……，似乎多少說明中共在檢討雙方交流得失後的態度。如果這幾件事可以解釋為是一種良性反應，則今後雙方應該順著這一走勢，拿實際的行動與具體的事實，為兩岸關係的未來發展，特別是明年這一年，培養更多更好的交流氣氛，並做出讓兩岸老百姓更具信心的互利事情來。

以雙方都不斷強調的文化交流為例，其中包括音樂、美術、影劇、體育、新聞、科技……等諸多學術文化項目，過去實在是說得太多，做得太少，因而造成雙方許多的失望與怨尤，無疑也是兩岸關係近半年全無進展的具體表徵。事實上，大家都認為這些方面的加速與加強往來，比較是最少招引爭議與產生負面作用的，對雙方比經貿交往更具有廣泛而長遠的影響。

良性互動從何著手？

如果雙方執政當局與大多數的同胞，認為前面的分析都尚言之成理，持之有故，那麼我認為從今之後，或者從明年一月開始，彼此可以將意識型態與口舌意氣之爭，減至最低限度。具體一點說，不妨將主權、制度、政治實體、國際活動空間，「必要時用武」，以及黨對黨談判這些十分敏感而刺激的大問題，暫時擱置一邊，而將雙方若干比較易於著手，同胞且能共受其益的事情先行做起。舉例言之：

㈠雙方領導層不在言詞或文字上蓄意傷害、矮化及刺激對方。

㈡主事單位與傳播媒體不扭曲事實，故意醜化或栽誣對方，媒體報導儘量減少政治性的惡意攻擊。

㈢慢慢解除新聞及資訊的嚴限，無論如何對雙方重大新聞應予報導，力避幸災樂禍文字。

㈣尊重對方法律，公平處理一切民刑糾紛案件；合力阻止偷渡，打擊走私，追緝罪犯，允為急務；台胞在大陸的一切言行亦應特別檢點。

㈤雙方以事實證明，絕不在對方管轄區內搞顛覆與破壞活動；蒐集情報只能以國際共許的途徑與方法為之。

㈥中共速訂完整法律，規範並保障台商投資，絕不因台商獲利而有歧視或苛待；同時台灣對大陸東南經濟區的開發，可提供更多一些協助。

㈦加強學術、文藝、體育、新聞以及科技、農業諸方面交流，雙方本善意及規定程序辦理，台灣對具共產黨員身分者入境，宜早日依法界定。

㈧適時達到「三通」目的，對大陸同胞來台旅遊在「三通」後做有計畫的開放；

對大陸勞工進入台灣可做有限度的考量。

㈨對方成就，尤其民間在國際間獲得榮譽，應加肯定和報導，並視情形表達賀忱。

㈩雙方人員在國際場合相遇，不宜完全不理不睬，蕭萬長與錢其琛兩部長日前在漢城已自然交談，中共既然以大自居，何妨主動一些。

結語

為開拓未來兩岸關係，使台獨幻想消弭於無形，讓兩岸同胞自然地、歡樂地走上統一之路，的確是一條坎坷而頗為長遠的旅程，任何一方都急不得，而且過急還可能急出大毛病來，明乎此，何妨多做一些良性互動的事，前面所舉不過管見所及，聊供各方參考而已。

民國八十年二月十八日於《中時》專欄

好自掌握「雙贏」與「兩敗」的關鍵

中共搞改革開放雖已十五年，但兩岸關係真正開始解凍，是近七、八年的事。其分水嶺，無疑是台灣方面准許人民前往彼岸探親，大陸當局亦很快做了積極且善意的回應。

緊接探親而來的是，經貿、旅遊、各式各樣的交流訪問與會議等等，自一九八八年至一九九四年九月，香港「中旅」核發的台胞證，超過六百八十一萬人次。大陸來台的人數，由於諸般主客觀因素，尚不及台胞前往者的零頭；然而人潮的湧進湧出，自然形成一巨幅交往圖案。

姑不論那一岸的利弊得失，擺在每個關心兩岸關係者眼前鐵一般的事實，任誰亦無法忽視或低估。

端看政治人物的遠見

問題不在交流本身，而在掌控交流事務與兩岸未來導向的雙方政治人物。這七、八年來，雙方關係發展上並不平順。這是始料所及，無可避免，不足為奇。道理很簡單，雙方的政治理念與制度，社會環境與價值觀，經濟發展與生活差距，尤其是領導層和幹部群的長期相互排斥，積怨甚深。這不是民間交往所能輕易拉近和化解，亦不是設立所謂「中介機構」，或斷斷續續舉行一些事務性會議，即能卓然有成的。

我們回顧一下，中共與美國自一九六〇年代開始華沙談判外交，一九七〇年以後東西德因長期交往而走上統一，一九八〇年代中期至今的南北韓會談，特別是一九九〇年南非黑白種族三百年對立，及以阿五十年的世仇終趨化解……，這些事例在在說明，兩種意識型態與政治制度的調和融匯，非輕而易舉、咄嗟可辦的。

相反的，政治領導人物要有何等遠見、耐性、政治智慧、執著精神，乃至付出若干犧牲小我的代價，方能突破重重難關，撥雲見日。然後化干戈為玉帛，勉強走出一條雙方都能接受的路。

關鍵在台灣今後走向

兩岸關係的發展，目前正面對一為成為敗、為禍為福的臨界點。

分析起來，原因固不只一端，但最重要也最具關鍵性者，就是台灣今天及以後的基本走向，「獨」乎？「統」乎？「維持現狀，以待變」乎？

中共十餘年來的對台政策，一面高唱「一國兩制、和平統一」的調子，一面卻咬緊「不放棄武力使用」的壓力手段，其最大著眼，就是要阻絕台灣走向獨立之路。

最近一、兩年間，兩岸交往所以如此艱難，識者甚至認為有倒退現象，就是因「台獨」聲浪似乎愈來愈高。而台灣方面若干領導人的言論與動作，不僅被認為有縱容之嫌，且被視為自導自演。如此，中共如何能坐視不問？

實在說，今日兩岸任何一方的動靜，均相當透明化。尤其台灣方面的一舉一動，幾乎是在眾目睽睽之下而無所遁形。

因此，雙方任何領導人士，不論所居何職，屬何黨派，不論如何巧言令色，善於包裝，內心真正想的是什麼，所做所為的真正動機與目的為何，對方勢必把你翻來覆去加以透視，看個一清二楚。

「兩敗」必成為民族罪人

既然如此，任何一方想要玩什麼花樣，都十分不易和不智。

在此道不通的情形下，倘任何一方剛愎自恣、任性、不信邪，不計後果地說了做了再講，其結果不僅將陷兩千一百萬台胞於萬劫不復之境，甚且必令中華民族子子孫孫永懷歷史創傷而蒙羞受難。

這就是勢所必至的「兩敗俱傷」下場，誰都難以成為贏家，那有什麼「雙贏」之可能？

為今之計，兩岸領導階層如不忍見雙方任何一造失去理性，徒逞一時之快，走上擺脫的路，而淪為民族歷史的千古罪人，其唯一可走的路，就是彼此趕緊冷靜下來，千萬不要恃強逞力，好勇鬥狠。

相反的，今後兩岸交往的諸般環節，必須要有一些自我約制，朝穩健務實、互動互利的大道走去。此雖難見任何速效，更不會有任何奇蹟出現，但畢竟是可使彼此忍讓一點而積漸有獲的。

穩健務實是唯一道路

倘此一因穩健而可望「雙贏」，因務實而阻絕「兩敗」之道可行，以下幾點允為當務之急：

㈠彼此迅即停止惡言相向、徒增敵意而又無濟於事的言詞。尤其雙方領導人「土匪論」、「台灣是中華人民共和國的一省」……這類徒逞口舌之快的論調，再不要發生。此應是兩岸年餘以來的緊張情緒，加以鬆弛的有效方法和必經途徑。

㈡雙方事務性協議，在即將於十一月底舉行的「海基」與「海協」兩會之南京會談上，應可簽定。

而在一九九五年初開春，應是舉行較高層次辜汪會議的適當時機。姑不論能否帶來政治面的協議，至少要證明氣氛和諧，管道暢通，彼此都有消除猜疑、獲致祥和的誠意。

㈢現階段使雙方關係無法平順而正常發展的最大障礙，莫如台灣有些人士和黨派要搞獨立。而大陸方面則不惜以武力犯台相約制、相嚇阻。

的確，這是兩岸關係的核心問題，且非單方所能完全為力；然總有一天必須推上檯面，由雙方獲得授權、且具充分民意基礎的人，來接觸與談判，一切且須力求透明化而無所迴避。

這類基本問題，雙方應都致力研究，並試探尋求交會點。

走向「雙贏」的幾項急務

㈣在第三項問題一時難獲解決前，雙方繼續維持並擴展多年來的經貿、金融、文教、科技、體育、旅遊、新聞各方面的交流。

彼此「通航」的需要，已各自列入時間表上，倘能於明年九、十月前得到有限度的開放，必大有利於雙方關係走上穩定發展、兩蒙其利之路。

㈤經貿和旅遊雖是民間活動，但由於人數多、範圍廣、接觸普及，事實上是穩定和帶動兩岸關係的最大力量。

因而彼此做好經貿等方面的法定保障與人身財產安全，乃第一要務；且用不著在「以民逼官」、「以商圍政」等陰謀論上大做文章，以免徒傷情感，製造猜忌。

㈥關於「政治實體」、「國際空間」等與「武力使用」同等棘手的老問題，由於太根本、太現實，要想完全避開，實不太可能；但也不必時時放在嘴上，事事牽扯在內。如雙方今後仍堅持以此為解決一切問題的前提與起點，必會覺得對方來意不善，從而寸步難行。

十一月初，美國前國務卿貝克在台北所進忠言：「雙方不要在『模式』與『案例』上堅持，讓目前關係持續發展，對彼此都有利，歧見慢慢會拉攏。」這正是抓住要害，極為平實可行之道。

兩岸負責當局實應思考和研究以上各點意見，就其可行者先做，然後穩步向前；民間則大家努力，從旁促進並樂觀其成，則兩岸關係應可逐步獲致改善。

民國八十三年十二月刊於《新聞鏡週刊》等報誌

傳播媒體對兩岸關係的重要性

兩岸將近十年的交往中，新聞及大眾傳播界始終充當了一個甚具積極作用的角色；雖然其間也曾發生若干並非平順，或是困難的事情，然而大家共同的目的，是為了服務同胞，加強交流，因此彼此都是在向前走，朝前看。

一九九二年九月大陸第一個記者團，應此間海基會之邀來台訪問，中國新聞學會曾應邀接待。次年四月第一次辜汪會談且將「新聞交流」列為四項基本協議之一，這固然是對新聞界的一大鼓勵，同時更充分表明了傳播媒體對今後兩岸關係的重要性。

兩次研討會收穫豐碩

中國新聞學會有鑑於此，乃緊接著與北京「中華全國新聞工作者協會」（簡稱

「中國記協」）及「香港新聞行政人員協會」洽商，是否可以共同發起召開一項新聞研討會，來商討彼此共同關切，尤其是與本身業務密切相關的種種事項或問題。由於彼此都感到有此需要，因而很快就獲得協議，並立即著手準備的工作。

由於香港同業的熱忱及辦事效率，僅僅不到半年的籌劃，「第一屆海峽兩岸暨港澳新聞研討會」就在一九九三年的十一月，在香港會議展覽中心隆重而熱烈地舉行，兩岸業學兩界參加的陣容相當堅強，一時成為三地乃至東南亞地區的一項新聞大事。第二屆由北京「中國記協」主動表示願為主人，此即是一九九四年九月在長江三峽巴山專輪上所舉行的，那次別開生面，大家邊開會，邊遊覽的會議，收穫相當豐碩。

第三屆原定去年十一月在台舉行，因故延至今日。綜合會議緣起以及前兩屆的經驗，我可以簡述下列數端，以明其特點並做展望。

㈠這項會議基於是三方面共同發起，故同為主人，這屆並經協議邀請澳門同業首次與會。正因為都是主人，出席人員的旅費都自行負擔，會議的圓滿與否，也幾乎共同都有責任。

㈡這是一項涵蓋兩岸四地，跨越媒體，包括新聞事業與傳播教育兩方面的集會，目的在使理論與實務兼顧，技術與成果互享。這在近年兩岸及港澳種種新聞交流活動中，幾乎可以說是獨一無二的。

㈢此一研討會是超黨派的，儘量避免涉及意識型態及敏感性政治問題一類爭執，因而過去兩屆會議中，大家都充分表現了存異求同，從大處、遠處著眼的襟懷與風度。

做兩岸良性互動的尖兵

本屆會議，輪由中國新聞學會擔任主邀之責，且迭經磋商，決定於十二月十七日起在台舉行，我們當本著它的宗旨和特性，保持並發揚前兩屆的風範及研討成果，儘量使此次會議達到它預期的目的與共同的期許。唯以本身人力、物力、能力所限，不周之處，可能所在多有。

記得兩年以前，也就是在二屆三峽之會以後，我曾去向不久前辭世的新聞界先進，中國新聞學會名譽理事長黃少谷先生簡述前事時，他曾有所感而發，鄭重而緩慢地表示：「新聞交流要做兩岸良性互動的尖兵，也要成為彼此雙贏共利的前衛。」他這兩句箴言，個人曾謹記心頭。

於今哲人已去，遺言在耳，特願提出來作為本屆會議的針砭和展望，並與四地的同業同道共勉。

民國八十五年十二月於《新聞鏡週刊》專載

民國一〇一年三月作者所撰《大時代的新聞眼》採刊

美籍華裔女傑心繫兩岸前程

今天是我們共同好友香梅女士自傳發表的日子，大家應出版者「天下文化公司」的邀約來此相聚，並為她祝賀，無疑我們每一個人都十分高興而誠摯地來分享這份喜悅。個人應邀要講幾句話，既感榮幸，也倍覺惶恐。

香梅雖是我三十年的好友，又是彼此始終以新聞記者高自期許的同道，但她是一位世所公認的傳奇性公眾人物，被視為一位未必絕後，但屬空前的華裔江湖奇女子，當她一筆一筆、嘔心瀝血所寫成的自傳正式問世之日，真不知要說幾句什麼話，方能表達我們對她的疼愛和崇敬於萬一。

我覺得陳女士之所以為陳香梅的最大一個特點，就是她彷彿有神來天授的智慧和永不衰竭的精力。直到今日，我們看看她的模樣，觀察一下她的言談舉止，總覺得她一直是涵泳在「少女情懷總是詩」的情境裡，也給人以「萬方多難此登臨」的氣概。可能正因為具有這一份富於憧憬的靈性與憂國憂時的情懷，乃執著於超人的毅力與永無休止的奮鬥，因而在過去半個多世紀之間，她走過波譎雲詭的歷史，幾乎處處留下了她的心聲和足印。她也曾乘著動盪的時代方舟，乘風破浪，四海為家。就以在美國華府三十五年，身為一位華裔忠實的共和黨員，與兩黨先後八任總統打交道，應該就是一件極不尋常的事。

她的目的只有一個，就是祈求得到一個和平的世界、一個強盛的美國以及一個自由而有尊嚴的中國——她心中生於斯、育於斯的祖國。這也便是她在以往四十年間，馬不停蹄地穿梭於太平洋與台海兩岸之間最重要的原因。

基於她這份對歷史的使命感以及對世界人類，特別是所有中國人的責任心，因此至今她還是鼓足勇氣，一往無前，充分表現了精誠所至、金石為開的信心與決心。

凡是與 Anna（平日通稱）交往的人，不論時間長短、情誼深淺，大家還有一共同的感受：就是她一切發乎自然、顯乎自然，也即是真正具有一種「大人者不失其赤子之心」的氣質。正因為於此，她是一位經得起結交的朋友，也就是只要是她認定的朋友，乃至於對象是一個國家或一個政府，不論其遭際如何窮達順逆，她總是善心相待，患難不忘的。不知道Anna自己感受如何，老實說：這也是她能長期贏得各方友誼而歷久彌堅最重要的原因。

大家既是香梅的好友，必然也會想到她在以往漫漫歲月之中，並不盡是意氣風發、一帆風順的。不過她對一切遭遇，都很能逆來順受，安之若素。我為何要提這一點，因為這應該是她過人之處，也是她成功之鍵。

大家知道她家學淵源，中文根基深厚，她的取名是否源自「不經一番寒澈骨，那得梅花撲鼻香」；她五十年來所遭逢的世變、國變、家變、人變，不正在她永遠不褪色的笑容後面，凸顯出她挺拔堅韌、異於常人的性格與涵養嗎？

香梅自一九四六年撰寫她第一部小說《寸草心》，到一九六二年發表她英文版的《一千個春天》，她已由一位出色的記者，成為嶄露頭角的作家。以後三十餘年間，雖日無寧晷，但一直是在夜闌人靜，或是旅途閒空的時刻，不停的閱讀和寫作，因此到今日出版自傳《永遠的春天》，一共有四十七本之多。也許有人還認為她是一個多產作家，其實不妨視為有心有情，亦更有才華精力，才能做出常人與忙人所難以做成的事。

按我所知：香梅女士這本傳記自定的書名為「春秋歲月」，今日名稱是「天下文化」的編輯群幾經磋商，而後得作者認可的。照作者自謙地表示：「這書名彷彿有點自我張揚，這把年紀了，還能沉醉於春花秋月中嗎？」其實大家認為：這書名訂得蠻好，與以往著作和本書內容都相當切貼。何況她在〈自序〉中有言：「書到用時方恨少，言到筆下費猜疑」，言外之意，她還有許多事、許多話，欲語還休。我們盼望，也預期她的自傳可能還有續集，等著她繼續寫，讓春日的光華永遠綻放！

香梅的流金歲月，照她前輩友人張岳公的說法，正在開始，如果要將她走過的人生旅途總結一下，似乎可以十六個字來概括：「多采多姿，能取能捨，有為有守，徹始徹終。」

香梅的路彷彿是走不完的，明日又將前往神州大陸，宋王觀的詞中有兩句：「若到江南趕上春，千萬留春住」；讓我們大家至誠祝福好友 Anna Chennault 永沐春風，留春同住，而我們也都能分享她永遠青春的福分。

民國八十四年十二月二十六日陳女士自傳發表會邀講

高齡尋「根」之旅的感觸
——記孔子故鄉與泰山之遊

民國九（一九二〇）年秋，我出生於湖南湘潭的鄉間，由於是一個眾謂「讀書人」的家庭，自幼父母就很重視後輩的教育。此風頗為普遍，因而私塾與新式學堂並立，其間有一共同點，就是授予子孫們為學做人以及問世之道。回憶十歲前在小學階段，彷彿就聽到大人及師輩們提到「四書」、「五經」、「子曰」、孔夫子……這一類的詞語；雖然不明所以，但印象每存植於孩童們的腦際！

隨著年齡的增長，住家的遷徙，學程的遞進，無論何時、何地、何等學校，自中學、大學至於研究所階段，真記不清有多少老師、同學及相關人士，會在諸多課程、不同時地以及各種場合，提到孔子，或為其學說著述教條和影響而解說、而傳授、而爭辯不休。

進入社會為大眾服務，先後約六、七十年間，前種情況並未休止。其中特別值得一提，甚至影響我以如此年齡，鼓勇做曲阜、泰山之行的，乃是二十餘年前，我與同齡的孔子七十年代孫、具「衍聖公」名望的孔德成先生，結為友好。除因他晚年體健不佳，難於交談外，先後約有十五載，不時深話其世代的機會，其開山聖祖孔子自是話題的重點所在。

由於那個時期，中國尚未改革開放，即使心儀，也屬徒然，而我內心的願望，卻始終存在。因此切盼兩岸關係繼續緩和，個人體力勉能支持，讓我及時前往，一遂生平宏願。

心儀孔學、首訪曲阜

決心既定，復感時不我待。加之一生雅好旅遊，足跡殆遍國內外各地，豈有獨遺孔子故里曲阜、五嶽首尊泰山的道理？

處此時會，好友劉永寧老弟體察我的心意，執念相陪，於是商定趁今（二〇〇九）年春暖花開時，也就是四月中成行。兩人一同自香港出發，於十九日逕飛山東濟南，即乘友人葉兄專車轉往泰安，下榻華美達旅邸，悉按計畫訪遊四日。

兩地相距約一百二十公里，循高速路只需兩小時多到達，天候不巧，大雨滂沱，不免憂心明日預定的曲阜行。唯據當地氣象預報：雨勢將漸轉弱；果然近晚時分，已能附邸散步，乃趁早休憩，準備明天這個企望的大日子。

自泰安至曲阜，高速路程為九十公里；果然「皇天不負苦心人」，十時起行，天漸轉晴，於是沿途看看，景色宜人。入口處高懸「友朋自遠方來」牌示，中經大汶河橋，泗水亦彷彿在望，出口時，又見「禮之用，和為貴」，顯然藉孔夫子名言，培養旅遊者的心境，一方面頗見當局匠心，同時多少反映孔學真是無所不在。

依據行前的了解和策劃，訪遊曲阜的首要目標，就是名震四方的所謂「三孔」，至於號稱曲阜「三寶」的碑帖、楷雕和尼山石硯，則為文人雅士的鍾愛，一般遊客在「三孔」所在大致都看得到，有心者則購一、二複製品，留作紀念。

在此先就「三孔」略加解說：

首要咸認為是「孔廟」。地處曲城西南，為歷代帝王與名公巨卿前往祭祀孔聖的廟堂，隨著時代的演進，慢慢開放給一般平民。

次為「孔府」。位於孔廟之東側，作為孔子嫡系世代卜居的府第，迄於清末才修建為當前規模，以歷代各種珍藏著稱。

再次則為「孔林」。這是孔子和後代子孫的墓地所在，處曲阜北城近址，面積達三千畝，有圍牆環繞。孔子墓園單獨建在洙水橋以北；整個林區亦被尊稱為至聖林。

「三孔」特點、名實俱在

關於曲阜這座古城的淵源，及其為孔聖故鄉而名滿天下，稍後將略加綜述。現在先就時間與體力許可條件下，相當倉猝的參訪重要各處情形，加以回顧和省覺。

就孔廟而言，遠在孔子於西元前五五一年出生曲阜，其現址即已初存。據史籍《魯都考》記載：伯禽代周公封魯，早於孔子約五百載，由於孔氏為殷商貴族，因此，父母祭祀先祖都按殷人習俗。其父叔梁紇因病早亡，母氏顏徽在帶著三歲孔子，卜居魯國君紀功的「茅闕門」以里，這是孔夫子最早定居「闕里」的由來，亦是孔廟、孔府以之為入口的緣起。

由於二府相鄰，面積相當寬闊，加之路線頗多，收藏豐富，故事頻繁，我二人便在購票入口處，僱請一位導遊張靜小姐，為我們沿途講解。她為人謙和，口齒清晰流利，很有助於匆匆一行。

孔廟位居南北狹長型，南起「金聲玉振」建坊，北到聖跡殿，先後經過九道院落，沿線樓閣相連，碑亭林立。導遊了解時間受限，乃擇最具聲華和歷史價值者，為我們介其緊要。記得我等出欞星門，經大中門入大成門，先循中路參觀了杏壇、大成殿、寢堂、聖跡殿各處，然後東向越承聖門，則為人所樂道的詩禮堂、魯壁和家廟，西向大致看了一下金絲堂、啟聖殿、焚帛池和神廚等等。雖然各處碑文每每述其史跡，但不暇多閱迴思，只好隨購書刊備閱，或攝影留念。

至於孔府，占地約百畝，西漢之初，原為奉祠官府，到宋朝仁宗改為衍聖公府。晚清加建樓舍廳堂逾四百間，其中收藏金石書畫達九萬多件的檔案館，每為人津津樂道，清代大儒紀昀（曉嵐）即曾有門聯銘其規模和價值。

提到孔林，因是以墓葬而成，占地特廣，據載比曲阜城大四分之一，植有大樹奇材兩、三萬株，凡孔氏家族都以葬此為安為榮，據悉迄今已在萬戶以上。時間不足的訪者往往知而免去。

孔聖言行、影響世代

根據曲阜市旅遊局的報導：以二〇〇六年為例，國內有五百五十萬，境外有二十二萬人次到曲市遊覽，其主要目標自是「三孔」，也就是源於對孔子的仰慕；加之地居泰山之側，而孔聖與泰山又曾結下不解之緣，因此，地以人勝，人以文名，兩相輝映，乃造成了這聖府名嶽的無限吸引力。

現在我想歸納小述孔子與曲阜的血脈相連，及其世代相傳的德學對中華子孫的深遠影響。

大家都了然：孔子生於曲阜，亦長於斯土，五十五歲前曾迭仕魯庭，頗著政聲，曾說：「如有用吾者，三月有成。」但他雖心懷治國之志，卻每感缺用武之地，這便是他於四十不惑之齡，開始授徒，五十知命之歲，傳教學《易》的由來。因而他曾十分感慨的自訴：「得志與民由之，不得志獨行其道。」

當他明顯看到魯國君首腐化而無助時，乃決定離魯另圖報稱。於是他從五十五至六十八歲（西元前四九七年至前四八四年），曾以十四年的長時間，周遊列國，先後在衛、宋、曹、鄭、陳、吳、楚、蔡諸邦，遭到各種不同的對待，大抵都是諷刺凌虐，甚至幾度遇到殺身之患。不僅「得君行道」的壯志一籌莫展，而且史評家每有指他若非設想天真，就是不識時務，自討沒趣。

儘管遭際如此惡劣，但孔丘老夫子並未因此灰心喪志。加之曾經先後足涉孔門，問道於師的三千子弟中，有不少嶄露頭角，更覺得「有教無類」的功能，讓他得到「吾道不孤」的最大慰藉。或謂孔子一生的成敗樂哀，都和其弟子連結在一起，確是知孔揚孔之論。

他自幼好學沉思，居仁由義，及長律己愛眾，身體力行，這些金石般的行為事實，曾經兩千多年來歷史考驗。可是他一生坎坷，並無什麼尤怨，而每歸結於命，曾謂：「不知命，無以為君子也。」他的弟子們即以此言作為傳世《論語》的總結，賦予後代萬眾以無限的生命泉源。

孔子從一個普通布衣，成為「萬代師表」的聖人，即使有某代、某人、某派、某黨，乃至某些族群，百般予以醜化詆毀，似無損於此一聖哲的獨立人格及歷史定位。以今日一黨專政的共產中國為例，幾乎到處認孔尊孔，而他國學術思想界，乃至某些社會大眾予以肯定者，亦復不少。

一言以蔽之，曲阜因孔子而聞名於世，孔氏本人則以其真才實學啟發人類，乃能垂範萬代！

泰山在望、五嶽獨尊

此行第三日（二十二日），早經策定登臨每認為五嶽之首的東嶽泰山，孟子曾謂「登泰山而小天下」，咸認為是一旅遊勝地。加之與曲阜緊鄰，又如前節文中提及孔聖人和泰嶽曾結不解之緣，因此，抱著極濃烈的興致，一登為快。

很幼的時候，每聞大人口頭語：「穩如泰山」，初中時期，曾彷彿聽到「泰山石敢當」、「泰山崩於前而身不動」……這一類的話。到底泰山是什麼模樣？並無所知。再後，知道中國多名山勝景，有所謂「五嶽」，分處東、西、南、北、中，其中泰山被尊為五嶽之首，自三千多年前至十八世紀之末，一直都是歷代許多帝王祭祀封禪和旅遊的首要目的地，因此，向有中華第一山的美譽。

既然如此突出，於是從地理歷史課文中進一步求了解，知道它位於中國山東中部，主脈在泰安境域，方圓大約為四百三十平方公里，最高的玉皇頂區為海拔一千五百四十五米。據此而言，雖不算怎樣雄偉，但一如〈泰山魂〉詩篇所云：它具「天人合一之氣，吐納風雲之勢，國泰民安之象」。因而成為「萬物肇始之地」。

果從這個角度去看它，自有其獨特靈性之處，其中歷史、文化、政治、宗教等因素自然濃厚。百聞不如一見，就親自登臨做貼身體會吧！

古往今來、四方交匯

根據遊覽圖示和行前自多方面了解，登遊泰山大致分四條路線：下列1.2.為最宜步行和大半車行；3.4.則因路途較遠，以車行為主。不論何線的關鍵地點，大抵都建有索道（通稱纜車）銜接，給予遊客莫大利便與安全。

1.紅門遊覽線——由紅門至泰山上的中心點天街，約為六公里半，如循十八盤道全程步登，則為石階七千餘級。沿線景點最多，文物古蹟和自然風光融為一體，至少需三、四小時一覽大概；自古迄今，向為遊訪最眾的一線。

2.天燭烽線——循此線登玉皇頂，如全程步行，必須體強時久，且具決心勇氣。常人每乘車至半山的勝景坊，轉至後石塢索道站為五公里多，再上去則為北天門索道，然後瞻魯台和玉頂在望。這線特色為群峰起伏，景色多變。

3.天外村線——此一車行遊程，自市區賓館林立的山腳出發，轉至1.線的中天門就有十三公里，由此上天街；登玉頂，不失為節時省力，縱覽全景之道。

4. 桃花源線——這線彷如第2.道，也是由泰山主脈的外圍登臨。車抵山頭的桃花峪入口到桃花源為十三公里，再循索道至南天門和天街，還有三、四公里，此線區以自然風光取勝。

如就四線的景觀特色言之，概括的說：紅門幽深，天燭奧渺，天外曠闊，桃花秀勁。究竟循何線最能欣賞泰嶽之美，應該是因人因時而異；時間充足、登臨次數多的人，可能各線都曾走過，其中關鍵在於今之四線皆行，乃是時代演進和不斷闢建所致。

就孔子時代言之，他以七三之齡，在故鄉前後六十載，史籍有不少他與弟子家人登拜聖嶽的故事，次數則無確記。帝王君主自秦始皇封禪泰山，傳說多至七十二位，其中漢武帝自西元前一一〇年後曾八度前來封祭，清乾隆皇為最後一位登臨的，也有六次之多。至於他們所走的路徑，可能就只有今天標記著「孔子登臨處」、「登高必自卑」這一條，也即是自古從紅門拾級而上的十八盤步道。如在十年八載前，我大概會鼓勇一試。

足踏天街、俯仰無際

基於我與同行劉老弟及其胞妹的主觀因素，我們先經策定循天外線登訪這號稱天下第一名山。當日天空晴朗，氣溫山下約攝氏十五度，山頂低六度，真可謂天公助美。午前十時多啟程，車抵進口的天外村廣場，首先穿過新建的十二根龍柱區，形色古樸高佻，與山勢風采甚為配稱，不愧作登山的主要大門。之後經黑龍潭瀑布、白龍池、竹林寺、無極廟等景點，改乘纜車由中天門索道到達望府山麓，步行不到一小時抵目標點的南天門和天街，這裡便是岱頂遊覽區最高處——玉皇頂必經之道。

說到天街這個地方，其歷史淵源自可追溯至十二帝王在泰山開始封禪的年代，到今天既可謂人文薈萃，同時也不免市集雜繁。我們在街頭小店快速用餐，稍事休息，已是下午二時半；「登泰山而小天下」的極峰玉皇頂，只能步行，以我的腿力，要前往觀賞不免吃力，來回且需三小時左右莫辨，因此，決定邊走邊賞，至中道過半的孔子廟為度，既能從容看看沿途到處都是的名家碑刻，更能俯仰觀察此「天下奇觀」的泰山，為何自古就被喻為山莫大於此，史亦莫古於此。

在岱頂山頭仰觀俯察，盤桓瞻賞的我，有時自然會默想沉思：遠自西元前三、五百年的孟子和孔聖，他們都因登泰嶽而胸襟朗闊、心志遠大，蔚為我國普受敬重的兩位大哲；千年之後，被崇稱「詩仙」的李白，慨然吟出「天門一長嘯，萬里清風來」的名句，「詩聖」杜甫，則留下「會當凌絕頂，一覽眾山小」的千古絕唱。至於其他公認為名家墨客和志士仁人遨遊觀覽後的詩文，更是林林總總，史不絕書，其中也的確不乏情懷風發，大筆淋漓的傳世之作。

總括的說，泰山景觀固然堪稱雄偉，而其所以名震天下，萬流共仰，我確認它因歷久形成的精神文化，應屬更其重要的因素。言念及此，吾人似必肯定孔夫子的生長於此，酷愛是山，實在發揮了難以比擬的潛在作用，且看時間與人心的無限考驗如何？

我在訪孔子故里曲阜，登中國名嶽泰山之後，自覺人生邁入另一可貴境界，深具啟發奧美的思維和感想！如有什麼遺憾的話，就是時間短促，只能走馬看花，到此一遊而已。

生平願償、敬希參正

按預定遊程第三日（二十二日）在濟南市，當天由泰安及早啟行，因為兩地中間的靈岩寺，坐落在方山腳下的翠谷之中，以風光旖旎、峰巒秀雅著稱，明朝文學大師王世貞遊後曾謂：「遊泰山而不至靈岩，不成遊也。」我們自然前往觀賞。

次日整個上下午，則在濟南先去趵突泉，再遊大明湖，「三勝」之一的另一處——千佛山，惜因時間不許，只能遙遙相望。前「三勝」曾於三十五（一九四六）年初夏，隨同老師經國先生匆匆一訪，迄今記憶彌殷。基於前述諸景，不在拙文所涉範圍，只好存而不寫，且看來日！

回到主題，油然百感交縈。總括言之，山東的確是一古色古香，多采多姿的濱海據陸省區，孔孟兩位聖哲及其門人信眾，以曲阜、泰嶽為根基，恢宏教化，廣納宗流，使中華文化卓然樹立，整個族群建立精神家園。職是之故，奉勸有心存意者，悠然前往一遊，旅程早訂，時間以一週或十日為宜。謹述個人微見，聊備參酌，如有謬誤，幸乞指正。

民國九十八年八月於國內外多家報誌刊載

第四篇

母愛母教護一生

湖南地緣政治對我的影響

我是湖南省湘潭縣人（中共現設湘潭省轄市，轄領湘潭縣等數縣），生於民國九（一九二〇）年這個堪稱近代中國的關鍵性年代。談起這一年期的湖南和湖南人，自然和中國歷史的演進以及當地人文環境的變遷，有其密不可分的關係。簡言之，它是因歷史地理諸因素的分合激盪所形成的。

略為回溯一下，可以推究到上古帝舜的時代，那時湖南為「三苗」居地，建了一個原始性的國家，以今長沙為國都。史載「舜竄三苗於三危」（今甘肅省），就是指的這段歷史。後來秦始皇為北拒匈奴，南進百粵，劃天下為三十六郡，意圖一統天下；湖南因地位適中，乃他必須經略的通道，長沙郡因而自然成為一戰略地帶，人文建設隨之發展較早。

洎自春秋戰國至於明清民國，兩千四、五百年的歷史長流中，湖南不可避免的成為兵家必爭的四戰之地。湖南人也就不分族群、不論地域，為了趨吉避凶和安居樂業，於是自然融和而不排他，所以湖南人長期以來，雖有悲哀，仍能建立其自存與共榮之道。

由於湖南人受到轉輾征伐的洗禮，更因生存環境的挑戰，從而養成了相當強悍的民性，具有從戎尚武的精神。這從戰國時代所謂「楚雖三戶，亡秦必楚」的諺語，至於晚清逸才楊度（晳子）作〈湖南少年歌〉：「中國若如德意志，湖南便是普魯士，若要中華國滅亡，除非湖南人盡死。」……這些都在在證明湖南人普遍具備堅韌拚戰的個性，此所以「湖南騾子」、「湖南蠻子」一類諷謔之詞，乃不脛而走，久之湘人亦不以為忤。

處如此環境，鑄成這般個性的湖南人，一遇亂世，自然容易鋌而走險，揭竿起義。因此自古以來，江南半壁無事則已，一朝有事，湖南人不論是勤王平亂，抑是革命造反，往往是一馬當先，絕不後人的。以近代中國為例，曾國藩、左宗棠以及胡林翼、彭玉麟等效忠清廷，使其皇朝得以苟延一段時間；戊戌政變中譚嗣同、唐才常的新思維及其志節，實為中山先生領導革命時期，黃興、蔡鍔、宋教仁這些湘中豪傑的先驅。民國建立，湖南人除譚延闓一、兩人以外，似乎沒有什麼頂尖人物，但自大陸統治至入台八十年間，湘人在各方面都具相當分量。而以建構共產中國為終生職志，迷信「槍桿子出政權」的毛澤東，他結合了一些湖南同志如劉少奇、彭德懷、賀龍、胡耀邦等一起造反，後來又相繼整肅或遺棄了他們，是典型的「既聯合、又鬥爭」。

時至今日，兩岸似乎都尚有湖南人在政治上扮演重要的角色，其個人為成為敗，對整個中華民族的利弊功過，且待時間來給予鑑定。

說了湖南人強悍尚武的一面，也當回過來看看它的文風士習。

按一般世俗的說法，說湖南文風盛旺，士習厚直。揆諸史實，應該可以從我國古代第一位大詩人、大思想家，也應該是大政治家的楚國屈原算起。雖屈氏未必原籍湖南，但他為政著詩，尤其是那懷沙自盡於湘江汨羅的感人故事，都全在湖南，因此湘人也就自然而然視之為最堪崇敬的本省典型人物了。兩千多年以還，真是馨香俎豆不絕，其流風餘韻，亮節孤懷，毫無疑問積漸而成為知識分子的精神標竿，而對於一般老百姓，由於同情與敬佩雙重情感的發抒，也就油然而產生一種仰慕的情結。

歷漢、唐之世，湖南對中國文化，無疑是吸收多於創發，被動多於主動，其主要原因應該是受限於地緣、交通、經濟條件及統治當局的優先次序。直到北宋時，道州學人周敦頤（一〇一七－一〇七四）潛心探究宇宙的本源與人生的真諦，他的大弟子程頤、程顥兄弟大力推揚，朱熹更編《周子全書》為之鼓動，一時之間，宋代理學斐然成形。朱子更親至設於長沙的嶽麓書院講學，嗣以「唯楚有才，於斯為盛」相號召，於是南宋之時，「湖湘學派」崛起三湘，創始者胡宏（一一〇六－一一六二）在宋代理學中更獨樹一幟，世稱五峰先生；到明末清初的王夫之（一六一九－一六九二）於精研儒學之餘，更吸取佛老的精華，蔚然為一代文風。上面幾位湖南文史哲的先賢，對近代中國的湖南文化，影響十分深遠，前面提及的曾、左、彭、胡諸氏，何嘗不也是受其啟發。

試想這些對於近代湖南人，那能沒有耳濡目染之功？我自己在這七、八十年來的為學問世、待人接物，無形中亦默默受其昭示、鑑戒而不自覺。只是自憾才識疏淺，僅能初窺門徑而已。

由此也可深知歷史文化對於一個地區、一個族群的影響力，真是既大且鉅，無限深遠！

民國一〇一年九月於湘潭大學訂正

心喪與省覺
——紀念慈母百年誕辰

飲泣讀遺篇，怎堪廿歲影單，迷離月缺、家園冷落、大地淒涼，舉國捲烽煙，
慈母劬勞慚莫報；
含哀陳夙願，永憶長年形獨，散跡天荒，乳燕差池，長空浩蕩，同心搏洪浪，
兒儕承澤久彌長。

——輓詞——

帶著十分惶恐、落寞、咎罪、期待……的心情，決定於九月下旬挈同在美的獨子傳仁，首次踏上一別四十七年的湖南故鄉土地，為的是祭悼我朝思夜夢，未嘗一日或忘的母親魏文芳女士百齡冥誕。這是我多少年來刻在內心深處的一番心願，而

今得以見諸實現，真有說不出的舒坦，訴不盡的悲情，無名但又覺充實的滿足。

過去近四年之間，曾經因為應邀開會或訪問等原因，先後去過四次大陸。北、東、西、中的幾個名城大邑幾乎都走過了，就是沒有回湖南去；不僅由於有些近鄉情怯的心理因素，而關鍵所繫，可能還是基於回鄉祭拜慈母與父親的墓地，沒有做好內心的準備。更坦誠一些說：我擔心自己面對兒時故里的一切，尤其是回想母親往日的一言一語、一顰一笑，會禁受不起而無法自持。於是只好遲遲其行，至於今日。

而今經過多年心喪的煎熬，自己已經有足夠的勇氣和信心，踏著堅實的步伐，回鄉走一趟，像兒時一般，毫無顧忌地投入母親的懷抱！直如唐朝幾位大詩家如宋之問所寫：「明朝望鄉處，應見隴頭梅」；李白調：「此地一為別，孤蓬萬里征，浮雲遊子意，落日故人情。」幾乎描透了我行前的心情。而杜子美於〈旅夜書懷〉那首五律的結句：「飄飄何所似，天地一沙鷗」，則更是我衷心嚮往，夢寐以求的此行情境！

依侍時短、心心相連

事實上，我與母親依偎相處的日子，先後只有十五、六年，也就是她六十年生命中的四分之一多一點，而且幾乎都是在襁褓青幼之齡。換言之，在我成年之後，總共大致只有一年時間在一起。然而我們母子連心，在我真是六十年來愈結而愈堅密。有時獨自瞻對遺影，我們恍惚可以對話；有時憶起兒時種種，乍然如在眼前；每一思念她一生坎坷的命運，對兒女，對鄉親，特別是對我付出的心血和慈愛，即無以自持而淚流胸臆，不知所止！

因此當她一九八六年九十誕辰，我在遙祭母親文中，曾有實體的描述：「嗚呼吾母，生我劬勞，教我義方，自幼及長，聚短離常……大故以還，音書殆絕，僅有畫影，永懸室堂，朝夕相對，未敢或忘……哀我慈母，生未奉養，歿難盡傷，悖倫之咎，百身莫償……預期百誕，伏首晉香。」

在此之前，於一九八〇年時，兩岸還在嚴密對峙，鐵幕深垂階段，我曾應書局編出專書之邀，寫過一篇短文，題曰：「珍重母愛」。曾寫道：「以我個人而言，一生受賜於母親偉大無私之愛者，何只如三春之暉，實際上乃為不絕之源。生我養我者固為吾母，而活我勵我者又豈非吾母？」文中我曾歷述一生三個關鍵時刻，都是由於母親的愛心和識見，決定了我的命運。

生時定難、彌留叮嚀

母親是清光緒二十二（一八九六）年十一月初九出生，歿於一九五七年六月二十六日，只享六十之齡。當時海天阻絕，音訊全無，我是在一九七九年兩岸開啟一線交通，由弟弟轉輾遞到的家書中第一次得知；一九八四年家妹好不容易赴美探視我的大女兒佳佳，我趕往相見，方於弟弟錄音中得悉其詳。

逖聽之餘，雖因長年憶母而感到一字一血淚，一語一神傷，然而想起一九五〇大陸上那個掀天揭地、清算鬥爭的年代，以母親的家世背景及其剛強個性，真還不如早日解脫為好！

弟妹可能怕我受不了，而不忍將她最後幾年的生活情況詳述於我，可是我可以在想像與推理中進一步求得了解。臨終她以「天涯海角……一定要手足重逢……」告勉弟弟（妹不在身邊），我深深體會得到，她彌留的頃刻，腦海中依然湧現著久無訊息的秋兒形影，言念及此，永沐慈恩的我如何承受得住！

最難忘的，當然是一九四九年七月間大局急轉直下，當時我在故鄉湘潭，面臨走與不走的關鍵問題。唯獨母親當機立斷地說：「崧秋非走不可，何處不可為生？」又說：「……如果今後萬一有個什麼不測風雲，我『魏文芳』三個字願以身代。」母親渾身力量斷然決定，使行者不復遲疑，家人亦再無二言。對我而言，這一十足的生離死別，能不抱憾終天嗎？

受盡折磨、慈恩難報

同樣難忘，亦是母親坎坷命運中一段最難熬過，最受折磨的痛苦日子，就是一九四〇年代前後七、八年，當日本軍閥進占家鄉，母親帶著弟弟獨居故里，父親與我及妹妹卻遠在大後方的重慶。雖然當時淪陷區與後方多少有一些往來，但畢竟還是形同兩個世界，加之鄉間交通阻塞，居處不寧，因而書信也幾近隔絕。

這由母親在一九四四年大除夕夜所作感懷詩，可見其形單影隻，不遑寧處的情況與心境。詩云：

一片紛飛大地寒，淒涼遙隔萬重山，
家園冷落冰消散，骨肉迷離月缺殘；
渺渺鸞箋何處達，依依鴛夢幾時還，
鯨波破浪淩霄去，二十餘年顧影單。

當母親今歲百齡，想起她一生命蹇至此，誠不知何從而解，更不知何以為報？幾經長考，決心本著她平生勤儉自持，律己愛人的德性，堅守「不鋪張、不擾人、不修繕」的原則，單純的以故鄉家祭方式，並擬在湘潭大學相關院系設立一點獎助學金，同時由我與弟妹合出一冊《寸草春暉檢集》來紀念她。文前的輓詞，就是由她這首極為傷感的詩句，引出我問天無語的傾訴。

這樣做，只是為了盡我為兒的一點孝心，並為子孫後代追懷遺範，護持家風立下一支標竿。我深信：慈母和父親在天之靈認為我的設想和兒女的做法是對的，因為這符合他們持家教育的理念，也體現了他們親仁愛眾的心性。

痛苦經驗、獻與民胞

寫到這裡，內心上固然充滿著大詩家孟東野〈遊子吟〉中名句：「誰言寸草心，報得三春暉」的情操，同時也洋溢著大將軍狄仁傑沙場抒懷：「幾度天涯望白雲」的思緒。現在，自己已是耄耋之年，展目前塵，面對鄉關，心懷往烈，奔向母塋，更何嘗不是唐朝王維詩中道出：「自顧無長策，空知返舊林」的同樣心情！

在我此次還鄉前夕，之所以要寫這篇短文來紀念母親，一方面固在一吐我數十年胸中的積鬱，表達對她思念孺慕和感懷恩澤之忱，同時更想藉個人的親身經驗與感受，切望社會大眾，尤其是年輕一輩，不管您是新人類，還是新新人類，大家一起來重視母愛，珍惜母愛，進而發揚母愛！

我並不完全同意「天下無不是的父母」那種倫理觀，更不會忽視工商業社會功利主義盛行下人際關係轉為淡薄，甚至家人父子亦不例外。何況現代社會所存在的若干異象與匪夷所思的事例，每使重視人倫與親情者，不免為之失望和氣結。

然而人類既要繼續生存發展，一定的價值標準和共生共榮座標，依然而且必須存在的。人性中最光輝、最可愛，也最能使您終生倚之的母愛就是其中之一，因為它是無私無我，無怨無悔，每每只是不盡的付出，而永遠不計回收的。

只要我們是一個人，是一個有良心血性，懂得是非善惡的人，誰也不會，亦不應忽略母性的偉大和母愛的溫馨。看到每年五月第二個星期日世界共同的母親節，今日年輕兒女的普遍表現，我對人性光明面的發揚與歌頌是絕對樂觀的。

自古描寫親情最傳神的兩句話：「樹欲靜而風不止，子欲養而親不待」，藉此永懷家母的機會，再度虔誠地奉獻給今日的大眾朋友們！

民國八十五年九月二十六日

宛然重回媽媽懷抱——九十偕愛女專訪南嶽出生地

媽媽真像結造南嶽衡山的花崗石，永遠屹立，有她才有我，直到今朝。內心長懷她的恩德，無從報答，但願效法唐代名僧「磨石成鏡」的功力，終能回到她的懷抱！

慈恩似海心靈貼近

當母親——湖南衡山魏文芳女士百齡誕辰之年（一九九六），正是中國大陸力行改革開放邁向普遍開發之際，我早經擇定於是年秋高氣爽之日——九月二十六日，挈同我兒、她的長孫傳仁，回到十歲前的故土、父母最後安息的故鄉——湘潭縣白雲鄉去，一方面克盡人子之心，同時重溫別來四十七載的兒時舊夢。

成行之前，我曾撰寫一篇紀念文，題曰「心喪與省覺」，其間寫道：

經過多年心喪的煎熬，自己已經有足夠的勇氣和信心，踏著堅實的步伐，回鄉走一趟，像兒時一般，毫無顧忌地投入母親的懷抱！

爾後十二年，包括此行，共為七次；不論行前去後，每次都有一個相同的感受與啟發，就是我彷彿愈來愈靠近了媽媽（兒時稱喚至生離死別）。這不僅是因為自身年歲愈高，而主要是由於母子心靈的貼近。

記得民國九十二（二〇〇三）年十一月二十七日感恩節，我曾完成一篇停放多時的舊稿，命題「慈恩深似海」，發表於《中外雜誌》四四五期，結尾一段我是這樣自訴：

……我今已八十有四，還能有幾多日子，可以面對她的遺影，思念她的蔭澤？

如果有來生，媽媽！您還願容有崧秋（峻湘）這麼一個兒子嗎？

思親情切偕女還鄉

為了珍惜自己愈來愈深切的情懷，趁著還勉能好好走動的身體，乃與家人商量，決定於今春（二〇〇八）再回鄉祭掃父母塋墓。在美大女兒佳佳（傳菁）聞之，立刻表示要陪同前去。我體會到她的一片孝忱，同時她在湘潭出生四個月後，於兵荒急亂中帶她離開，自有一番故土之情。但一個前提，要尊重之嘉婿的意見。

結果事如人願，全家都認為是一件難得之事。於是好好安排一切，乃於三月二十五日氣暖風和中，父女倆以十分感懷愉悅的心情，自台北踏上可愛可貴的還鄉之旅！

行前，與心愛的女兒商定：整個行程為四晚三個整日，從容一些去我們應去想去的地方，做我們須做該做的事，同時還可以會我們宜晤當晤的人。此計一定，就依序行事，事後檢點一下，都深感順心愜意，的確是一趟終生不忘的故鄉行。

此行的首要大事，當然是往白雲鄉舊居後山父母墓前祭拜，因正當清明節前，按鄉間俗語稱為「上墳」。女兒佳佳出生，為我家直系之首，因為十分乖靈，極得祖父母的鍾愛。由於她是第一次還鄉祭祖，難免感受特強，因此我領同胞弟均安、侄輩仕軍、曼麗夫婦一共五人，行跪拜大禮時，特別強調：我們都絲毫不要激動，只要正心誠意地默禱，祖父母在天之靈真的會含笑於九泉！

白雲朵朵捐資興學

接著就是到附近梅林鎮的白雲中學校進行預定的巡禮，它在本鄉堪稱「最高學府」。遠自一九九三年一月我應「海協會」汪道涵會長之邀，首次登陸參加上海有關兩岸的研討會並主講，即曾考慮是否順道還鄉；嗣與舍弟研商，還是延至母親百誕之日。但為呼應吾母一生提倡教育的素願，即在該年次商同次女婿錢君平國，對該校有所捐贈，之後歷有增加，迄至今歲，與佳佳及其妹偎偎（傳萃）一次共獻人民幣三萬，積成十萬之數，深期對本鄉求學子弟，不無獎助作用。

在該校停留大約為一小時餘，事先商定破除一切形式。不過校方仍然要小學班次若干童生相迎，我與女兒至情感謝鄉間子弟的一番誠誼。離去時我不免頻加回顧，仰白雲而長思！

寫到這裡，我必然想起一九九六年媽媽百齡首次還鄉的一切。其中應該道及的一事，就是在當年唯一大學的湘潭大學，貢獻出在台退休金半數以上，設立「楚母魏文芳女士獎學基金」，顧名思義，當然是追念母親自儉興學的長久愛心。二〇〇一年以後，委請該校全權處理，主辦此事的新聞及管理學院多經考慮，特闢設「思親書室」，供師生等專題研習之用。這次女兒參覽之餘，還頻頻點首稱是。

當日（三月二十八日）午前離開潭大，特往潭城之寶——雨湖看看；此時雨滴紛紛，陪同的台辦吳女士立刻以「雨中遊雨湖」描繪，良富詩意。憶每次回潭，受湖光吸引，幾乎走遍每一角落。

歸旅邸途中，早就注定必去之處，為佳兒出生的醫院，六十年前名「惠景」，今改為「中心」，地址依舊，面目轉新，佳兒與我見到，油然不勝今昔之感！

縣城和鄉曲在此三日間來來去去，不論河西河東，舊城新區，橋前路側……給予我的一個總印象，就是湘潭縣市比之七、八十年前，固然徹底改變了面貌，如與十年前相較，亦大不相同。這充分證明了「開放」「建設」這個硬道理。我衷心期盼長（長沙）、株（株州）、潭（湘潭）新三角總計畫早日完成。到時故鄉的同胞，人人受惠有福了。

巍峨衡嶽默默相招

此行立意要履行的一段旅程，就是與女兒相偕同訪南嶽衡山。這不只是因它兩千年來，一向大名鼎鼎，咸認為是世界級的名山勝蹟，而且它與我家有不解因緣，甚至可視為血緣所自，宗脈的一半根源。

原因是媽媽乃道地的衡山人，與父親聯姻乃由於兩家授課的名師李先生居間媒妁；小時我似乎聽媽道及：秋兒是在衡嶽出生的。這是個人的一段家史背景，於今已無任何人可為證解。惟其如此，佳兒與均弟都力贊成行，當即決定於二十七日清晨出發，日落前歸來。按潭衡之間相距不過七十五公里，循高速公路一小時半即可抵達；沿途看到花石、白石舖、中路舖……這些地名，兒時常聽大人們提及，油然啟我思古之情。

由於事前對中國五嶽之一的衡山並不陌生，行前遊後又閱讀了一些介述的書籍篇章，內心多少存有按圖索驥，擇要而觀，以及遊後追尋印證的打算。在此只擬做最簡要的介說與描繪，同時一吐衷腑的實在感受。

首先，我覺得應該提及它的地理位置和歷史淵源，二者自然是互為作用，相得益彰，這乃是它人文崛起，名震古今，而今風華益勝，遊者如織，蔚然列為世界級文化遺產的根由。

對衡嶽（南嶽衡山簡稱）最早的傳說和簡記，應可追溯到五千年前的炎帝，也即是今日泛稱炎黃子孫的肇始。大家都說：炎帝，號神農氏，又稱赤帝、朱帝，衡嶽為其遊息之處，曾建都於今之湖南長沙，號厲山國，據說他曾嘗百草，治民疾，又教民種五穀，利民生。更玄奇的，乃是他曾追蹤朱雀群，跨過雪地湖川，最後化成一座山，坐落衡星所在，所以名叫衡山。

此說姑妄言之。按衡山七十二峰的由來，與此有其脈絡可循。根據清朝李元度《南嶽志》的記載：這條長長的峰線，居衡嶽區內計四十四峰，區外二十八峰，皆有命名，其始端為長沙的嶽麓峰，而止於衡陽的回雁峰。雖然迄今尚未完成為整條旅遊線，但山巒起伏，峰浪相接，自然形成為湘東南一串風景帶，令人駐足。

清朝另一位大學者魏源，在南嶽遊覽後，曾作長詩一首，劈頭說：

恆山如行，岱（泰）山如坐，華山如立，嵩山如臥，唯有南岳獨如飛。

這是對衡嶽獨具慧眼的感觸和評議。

勝蹟風華兼容並蓄

為什麼呢？凡是平日喜歡遊山玩水而又常做比較的人，不論停留時間長短，每每會有一個第一印象和總的觀感。對我而言，我是首度來衡嶽，來去更覺匆匆；不過，全球名山大川，我的確去過不少，就中國國土言之，除青藏高原因高山症不宜前往外，大致都曾流覽（北嶽未去過，看資料頗多）。如果問我最愛何處？我會以「各有千秋」相答；如問南嶽行總印象如何？我當拋開前述個人情結，肯定它的特殊處——山環氣運、脈長靈活。此所以唐代極好旅遊大詩家李白暢訪南嶽後的詩曰：

衡山蒼蒼入紫冥，下看南極老人星；回飈吹散五峰雪，往往飛花入洞庭。

太白居士千餘年前的描繪的確實在而傳神。按南嶽居湘江盆地，綿延七十二峰中最高者為俯瞰衡山的祝融峰，高度約一千兩百米，登其頂處，白雲每繚繞身邊，黃昏近晚，星月彷彿舉手可摘；如往山谷下看，則見群山起伏，逐浪掀波，晴明時刻更見九曲湘流，長沙嶽麓這些美景，盡收眼底。不怪自古迄今，大家都將「祝融峰之奇」，公認為衡嶽景觀的「四絕」之首，為遊人必到之處。我與均弟、佳兒一行只有咄咄稱是，不忍速去！

另外「三絕」，就是習稱的「藏經殿之秀」、「水簾洞之瀑」，以及「方廣寺之深」。由於時間所限，未能一一親臨，但大致了解其特點。

凡是來到南嶽的人，很自然地發覺殿閣寺廟相當雄偉且多，這無疑與我國自東漢佛教傳入後，國人對宗教有包容心，而兩千年間歷代帝王除極少數外，大致採恩許態度，此所以我國故有的道儒兩家，與外來的釋（佛）家，一向兼容並包，分合自如。這自應歸功於中華民族的優點以及多少帝王的明智。

雖然不曾去參觀擁有一千五百年歷史，由南北朝名僧惠海於西元五〇三年始建的方廣寺，但一入南嶽衡山，就去訪視規模大、收藏富、管理佳的塾山之門——南嶽廟和聖帝殿亭等處，也能補我不足，無所遺憾矣。

名流雅士史不絕書

從縱橫上下看南嶽，不僅山高水也高，而且流泉四伏。李元度還說過：

七十二峰，無弗泉者。

它另一特徵，就是雲霧環繞，年平均達兩百五十天；墨客詩人每以雲山、雲海或雲天、雲島描摹這一景緻。魏時的鐵腳道人即景生情，曾仰天大嘯：

雲海蕩吾心胸矣！

又據史書《南嶽志》的記載，遊過南嶽的名人雅士，自戰國時楚國宋玉於所撰〈笛賦〉中說：「余嘗觀衡山之陽」，漢末建安七子之一的劉楨，作五言詩〈登南岳〉，至唐代諸名家李泌、韓愈、柳宗元、王勃、李白、杜甫、張九齡、白居易、顏真卿、李商隱……，宋朝趙忭、趙葵、黃庭堅、胡安國、朱熹、范成大、姜夔等，以及明時理學家陳獻章、王陽明……，有清思想家王夫之、詩人袁枚、史家魏源，乃至湘軍名將彭玉麟、改革先賢譚嗣同……以及近世蔣中正、毛澤東等這些歷史人物，他們對衡嶽每每留下珍貴的詩文，以及種種發人深省，追懷的故實。

我之所以必須提到這些人與事，無疑是在證明南嶽的確有其獨特的資質風貌，自然更具備令人流連忘返、長相思憶的名山條件。

「磨石成鏡」重回慈懷

對我而言，貼心的女兒這次陪我回鄉，泥土的芬芳，固充盈肺腑；而衡嶽一日之行，雖感倉猝，畢竟到了母親成長之地，觸摸到媽媽八、九十年前也許碰過的岩石或樹枝，這一切的一切，無不淌蕩到我的心底。她老恍然如在眼前，像兒時一般地撫慰著我，我如何不是重回母懷，同根一命呢？

媽媽真像結成衡山的花崗石，永遠屹立，有她才有我，直到今朝。此日南嶽之行，天朗氣清，次日即轉陰雨，豈是媽在顯靈照顧嗎？我永遠懷念她的慈容，追思她的孤寂，一生無以為報，但自誓願如山上一塊岩石，效法唐時神僧懷讓「磨石成鏡」的功力，終能回到慈母的懷抱。

面對故鄉湘江的水，永遠默默地流，巍峨衡嶽的山，頻頻向我招手。感謝家人的鼓勵和陪伴，友朋蘇先生、吳女士等的協助與導引，使我十二年間七度還鄉得以如此圓滿順心！

唐代著名的懶殘禪師曾作偈歌有言：

世事悠悠，不如山丘，青松蔽日，碧澗長流……生死無慮，而復何憂？

願引此箴言，身體力行，以事家國，永報慈親！

民國九十七年四月清明節後

台海與中華遠景

完結

台海一甲子的家國滄桑

我是一個典型來自中國古農村的子弟，由於家庭的背景，尤其是母親的督教，走上讀書人應走的路。真是因緣時會，讓我一生頗有「讀萬卷書，行萬里路」的難得機遇。至今經歷了九十年的人世坎坷，也探察了宇宙間莫測的風雲變化。

自分平生宅心良善，資質不算魯鈍，但我讀書不曾很用功，視野也未見敏闊，因此對人情物理及國運世變，了解仍屬有限。唯親歷八年抗日，窗前夜讀，青年從軍，奔走台海……則是血淚斑斑，銘心刻骨。

清寒家境、苦學求進

自幼就從長輩們口中聽說：楚姓人不多，起源於大陸中原地帶，至明清因避戰禍紛紛南遷。多年前我曾接未相識的本地同宗人來信，告知祖先近百年前由福建渡海來台。

我家自曾祖父一代就未務農。祖父楚定國，號瑞卿，生於清同治九（一八七〇）年，中年篤信佛學，只差沒有削髮。父親中�，字廉山，三兄弟居末，光緒十九（一八九三）年生，從小勤學，文才不弱，曾在鄉間教書。母魏文芳女士，生於一八九六年十一月初九，系出湖南衡山望族，因學師李先生媒介，且不在意我家清苦，是以「垂簾和詩」的古雅方式，於二十一歲與家父結褵。

母親育有三兒一女，兄美傳大我兩歲，不幸於二十歲因染病夭折。我居第二，民國九（一九二〇）年八月十一日生於湘潭白雲鄉；十一歲前一直在鄉間度過，農村童齡的生活種種，多在記憶之中。鄉民十之八、九務農，但頗重視讀書識字。

兩兄弟在鄉間小學進讀；民國二十（一九三一）年家父因母親鼓勵，遠赴南京依親做小公務員，媽媽（自小呼喚至於永別之日）因鄉居不靖，且通認城區學校較好，就辛苦地帶著三小兒女（妹詠蘭）往縣城賃屋而居。一年後父親轉職浙江杭州，媽又攜帶我們數千里奔從；因月入菲薄（當時稱國難薪），三年（一九三二—一九三五）杭垣生活，真是苦了母親節衣縮食，時常月不出戶，來成全我們讀完初級中學。跟著父親又調職回南京，我有幸考入市二中高中部，媽再三叮嚀，好自升學做人。

民國二十六（一九三七）年，「七七」全面對日抗戰爆發，父親隨工作單位遷四川，媽媽先是帶著兒女自南京回老家湖南，我也很順利地轉讀長沙高中三年級。不久戰火逼近，倉猝畢業，媽認定在日軍攻占下，青年人絕無出路，乃命我速奔重慶父處，就地升學，自創前程。而她卻孤單地留在鄉間，妹升學遠離，只有弟均安暫時相伴；這種顛沛流離的淪陷區生活，一過又是八年，稍有良心的兒女能忘記嗎？

慈恩深重、命我離奔

母親一生僅六十年，我雖只與她於年幼期共處十五、六年，但她持家之道、律己之方、愛子之心、待人之忱，卻深植五衷，而她的愛，毫無疑問地決定了我此生命運！

至今令我每讀不能自持的，是她於三十三（一九四四）年作的那首〈歲暮相思〉七律詩，其中不知蘊蓄了多少淒苦辛酸！末後兩句曰：「鯨波破浪淩霄去，二十餘年顧影單。」

這首詩固彰顯了她的文采，更寫透了她的情境。痛苦地說：我父子對她都有莫大的虧欠，因為兩人都沒有盡到應該的照顧之責……。

即令我沒有盡到為子之道，而她一貫愛我護我之心卻始終如一。每當關鍵時刻，她總是為我的前程設想，並毅然做出衡斷。絕對成為決我一生命運的事，就是三十八（一九四九）年七、八月間，我是如何倉皇離鄉，前來台灣的。

這年前我已與愛妻陳少熙女士結婚，次夏生女傳菁（佳佳）。基於我大學讀完後，曾自重慶中央幹校研一期畢業，隨即擔任過該校教育長蔣經國的祕書，媽深認此種資歷，是絕難容於一旦上台的共產政權的，因此認定我非離開不可，且應立刻行動。

記得那是三十八（一九四九）年七月二十七日前後，當時中共軍正向湖南迫進，父母親與我夫婦在那天近晚談及應否離走一事？由於身為長子，對大局激變中的家計自有一份責任，但留下來又相當可慮。在這進退兩難的節骨眼上，唯獨媽媽當機立斷地說：「崧秋非走不可，何處不可為生？」……緊接著又說：「秋兒年事尚輕，應在外方求發展，且應帶妻女同行，我們絕對不能阻留，如果今後有何方予以追究，我『魏文芳』三個字願以身代。」

媽媽渾身力量做出這一斷然處置，使行者不復遲疑，家人亦都無二言。於是立刻帶一點隨身衣物，第二天一早就動身前往長沙，準備乘火車經廣州去台灣。不巧最後一班連車頭上都擠滿人的列車無法趕上；幸經寄居處的李老伯提示，勉強搭上了湘粵間當時的運鈔機飛抵廣州，時間為八月二日前後，寄居於黎姓戚家。不數日即聞長沙已經解放，與家人聯繫從此完全中斷，彼此通信直到一九七〇年代之末才恢復正常，可是那時父母都早已不在人間了！

記得在廣州略作停留，將入台應辦的事項一一處理妥當，而於八月十四日與妻女都落腳於內子老同學李女士在屏東的公家宿舍中。自此與寶島結緣，豈只血脈一貫，生死互依而已！

滄桑歲月、艱苦前行

這一離鄉來台的行程並非很遠，然心情卻是相當凝重。為解決生活問題，第一件事就是必須先有一份工作。正好李女士服務的省立屏東中學校長吳先生為我大學同窗，一經申請，就聘我擔任高三英語教席。小家庭既得棲身之所，對大變局中的家鄉父母親屬，自然十分惦念；而另一方面，對台灣的安危與前途，由於形勢逼人，不由得不同樣關注。

整體而言，毛共席捲整個大陸之後，美國於當（一九四九）年八月發表「對華白皮書」，明顯表示採取洗手政策。復據史料透露，毛澤東很後悔沒有在該年秋冬不顧一切代價，乘勝攻取台、澎，而坐失一舉消滅老蔣機會，自憾犯下歷史性大錯。

次年元月寒假，我乘暇前往台北看看師友，與經國教育長重逢，良多感觸。他問我有何打算，我表示擬來台北教書，他頗以為然。三月蔣中正先生復任總統職，他被層峰任命為國防部總政治作戰部主任，由於多年習慣了我為他做些言論和文字方面工作，乃囑辭去教師專職，前往該部研考部門任事。四十（一九五一）年六月韓戰爆發，我因中英雙語互通，次歲乃奉派前往日本東京盟總(SCAP)心戰部門工作了一年半，這是生平唯一在外國機關做事。

因人地比較生疏，不諳工作人員詳細守則，受友人之託，不慎觸犯內規做錯一事。經國先生了解後，對我並未深責；此一無言之教，無形中注定了我往後四十年為人做事的規範。

民國四十三年正任教職，六月奉調去陽明山革命實踐研究院接受三個月的研習。正準備於結業後赴美，完成久懸而未克成行的研究計畫（三十六年於南京考取教育部公費留學，因政府財政困難指令緩行等等）；內子為免我後顧之憂，此時已謀得一份她專長的會計工作。

一切安排妥定，未料當年九月二十八日，時任救國團主任的經國教育長通知往見，他開門見山對我說：「我知道你已準備好出國完成學業，但校長（蔣老先生曾是幹校校長）要留你擔任其新聞言論的祕書，出國就從緩罷！」我也直截了當反問，是否由於他的推介，他即時回答：「沒有」。關於為蔣老直接服務整整四年的工作實情，以及爾後對我為黨與社會大眾服務的影響，我於民國九十年為中研院口述歷史書中已有詳述。

新聞與我永結良緣

我在大學及國內外研究院所，皆以政治科學為主修，而六、七十年來，卻與新聞文化業務，結下不解之緣。檢視正式接辦報紙（五十三年接《中華日報》）之前二十年，不論擔任那一方面的工作，直接、間接似皆與大眾媒體有關，各情前文已大致說明，無需贅述。

在此，我覺得不應忽略的，乃為繼總統府四年祕書後，奉調擔任國民黨文宣部門——中央第四組的副職，前後達六年之久。因為我確認在此一崗位上，使我了解舉世輿情、政黨政治、朝野認知、社會公關、國民情緒、敵我辨識……大眾媒體究竟處於何種地位及其可能作用。而對台灣未來變局與走向，毛共暴政的結局與發展，冷戰與熱戰的對決和影響……這些根本問題，無疑更增加了甚多理解，而有助於自己將來如果投身大眾媒體之役。

民國五十三年九月初旬，前述之事果真來到，就是執政黨蔣總裁命我接辦當時的窮弱黨報——《中華日報》。幾乎無人不知這是一項極為艱巨的任務，而只有挺身以對。總括來說，我認為只有從「求新、求變」做起，才可望「求生、求成」一條路可走。方向與決心既定，就結合全體同仁一心一德地拚命一搏。

經過八年的艱苦奮鬥，大家終於看到《中華日報》站起來了。它於六十一年遷入台北松江路第一棟十四層大廈，南北兩版報份之和緊跟在當年三大報之後，連年既有可觀盈餘，員工待遇絕不低於別報……。自己雖不自覺地白髮平添，但十分感激地與同仁共度兩千七百個血汗交織的難忘時日。

六十一（一九七二）年間，政府改組幅度相當大，牽動國民黨對其機關報《中央日報》勢需加強，蔣總裁認為我接辦《中華》八年，頗著績效，乃指派我接手，並寄期許。

雖然兩者同是黨報，畢竟歷史背景、閱讀對象以及本身條件和任務等，仍有甚大差異。奉命之後，經深入思考，請益時賢，廣納眾見，乃確認今後《央報》必須趕上時代的腳步，因此與全體同仁痛下決心，讓報紙與群眾密切結合，其重要方針與路線綜括為：

全黨政策的前驅和緩衝，而不僅是信徒；

政府施政的諫士和諍友，而不僅是護使；

社會大眾的良師和益伴，而不僅是工匠。

全社內外近千同仁朝上述目標一致奮進，兩年後果然報份增長近一成半，廣告收益更猛漲達四成，因而士氣大振，報譽益隆，同業不免刮目相看，海內外（中央國際版每日最多時逾一萬五千份）幾乎默許為自由中國第一報。此一欣欣向榮之局，十九要歸功於社內員工及社會大眾。

民國六十六年九月我離開了工作五年，每天早、中、晚三班的《央報》。真是做夢也沒想到，十年之後，我竟會回到那裡去擔任董事長職務。

回憶時間之流到七十六年中期，台灣改革開放之聲震天價響。經國總統確認「時代在變、環境在變、潮流也在變」，於是順應民意和大勢，決定是年七月依法解除三十多年的戒嚴令，十一月十五日內政部通過大陸探親辦法；所謂「黨禁」自然失效，而「報禁」則由行政院宣示於次年元旦開放。這些決策絕對是空前的，影響則不言而喻。

《央報》不論從那一方面看，當然應有適變能力。此時他想起我與該報淵源，於當年七月四日約我往見，含蓄地問我回去如何，面對體力日衰的老師，自無二話可說。八月中重返舊壘，不僅物是人非，查閱幾項基本數據，幾乎衰弱到名存實去了。

處此情況之下，我只有守住本身崗位，知其不可為而為之，此於到任後之記者節（九月一日）所撰〈辦好中央日報的三個新方向〉文中，可見一斑了。

而今該報已於九十五（二〇〇六）年五月三十一日宣布停刊，勉以網站維其生命。對我而言，因多不捨，而何時「期待再相見」（停刊日的報頭語），似只能無語問蒼天了！

執掌文宣、涵容反對

六十六（一九七七）年十二月中，也就是我結束《央報》社長五年之後兩個月，執政黨張祕書長寶樹面告：「主席要你準備接掌文化工作會（其前身即中央第四組）。」明知這是一項十分艱困的任務，但在體制與道義上，則是毫無推辭的餘地。

從這一年至七十六年，這十載時期，是台灣於三十四年光復後最重要的轉化期，當然更公認為三十八年國民黨敗退來台，迄今整整一甲子的激變年代。由政治立場說，就是由一黨專政轉變為多黨治國，由威權政體邁向為民主制度。其間最重要，也是最大的推動力，自應歸於民主進步黨人所大力激發的反對運動。

記得我於六十七年一月十二到職不多日，蔣主席鑑於當時流行的所謂「黨內」、「黨外」二分法，對台灣整體利益，為害遠大於利，曾囑我於文宣立場儘速解套。

六十八年十二月十日發生於高雄市，由民進黨所全力策動的大規模反對活動——「美麗島事件」，終於能於不幸中尚稱平和收場，不能不歸功於「政治事件應以政治方法解決」這一基本方針。

當本案不久進行司法公開審判時，在我職權範圍內，曾力主傳播媒體有自由採訪，平實公正報導的權利。這在當年情治安全單位視為大忌，我一時幾成眾矢之的。第二年六月我被調離現職，經國主席曾當面對我說：「他們說你自由主義色彩很……」。一時輿論如何看待，個人於口述歷史一書中，曾據各方報導及評論予以引證。

民國六十九年六月三十日我正式離別文工會，頗有如釋重負感受。所接職務為老友李煥因出掌中山大學校長所遺中視公司董事長；當年不少人每認為優缺，原因為賺錢待遇較好能見度高。七月二日到職後做通盤了解，發現問題並不少。別的不說，堂堂中視竟是「無殼蝸牛」，因為全部房舍是以高價自中廣公司租用，攝影棚乃三大電視台中最侷促者。

基於此，乃於接事次年，經董事會決議，儘速覓地自建辦公大樓及廠房，歷時逾四年，才能全部遷入南港寬闊新廈。由於硬軟體全面加強，同仁固然志趣高昂，各方面包括不少觀眾，都頻頻讚賞。對我而言，曾費盡心力，固本創新，但只迨了半年，於七十六年秋就奉調回《中央日報》去了。

回首來時路，真是一步一腳印，前後七年時光，與同仁融融相處，最堪留戀。當其於七十八年十月末，為紀念二十週年特刊徵文於我，當即寫下〈從篳路藍縷到離情依依〉那篇由衷之作，吐我心曲！

近二十年間，真是時移世變，所謂黨營文化事業，相繼凋零，或是易主。中視屬於後者，我自誠心為其祝福。

教學相輔、誓守專業

民國八十（一九九一）年，我已逾七十，決定申請自《央報》退職。自三十八年入台，除身在國外，幾乎從未離開教室；退休之後，因同業愛護，推選我擔任新聞學會理事長，直到八十七年任滿解除，這段期間，仍勉力在政治大學新聞系講授

「新聞評論」。

何以對教課如此感興趣？自問並非好為人師，而主要是為了教學相長，強迫自己增加新知，趕上時代；同時與年輕子弟切磋交往，也能促進活力，與社會大眾密切接軌。至今回味起來，的確樂趣盎然，獲益不小。

至於與新聞學會結緣，直至今日尚欣然接受為名譽理事長，一方面是由來有自，同時本身有誓守專業之忱。

當七十四（一九八五）年之秋，我因執政黨聘為新聞黨部主委，鑑於過去十餘年黨部對外稱「學會」，以所謂一體兩面姿態問世，被社會視為御用團體。而今民主開放，已漸形成制度，學會除了為台灣同業服務，還要與國際媒體加強交流，同時和中國大陸新聞界交往日見密切。基於這些緣由，我認為二者宜乎有所切割。

七十七年我乃以身作則，決心辭去黨部主委之職，全以民間身分為學會建立機制和推展業務。當我理事長任滿之日，專文自誓願為永久義工；在我有生之年，為新聞自由奮鬥到底。

回顧反省、永懷家國

溯自民國三十八（一九四九）年八月倉皇入台，迄今整整六十年。前文所述，雖以個人經歷為主軸，但期儘量反映時勢的變化，特別是台灣的命運和同胞的整體利益。總結起來，我想加重說明幾點：

㈠台灣在那風雨飄搖的民國四十年代能夠自立自由生存下來，因素自不止一端，但當年執政黨的堅強領導，同胞一致團結衛台，乃為關鍵。

㈡兩蔣近四十年的威權治理，客觀分析是有功亦有過，或者說功多過少。最可貴的是經國總統主政十年的大力建設及其開放政治。所謂「台灣經驗」、「亞洲四小龍之首」，主要靠此一時期。

㈢最可惜者，為近十五年（一九九三－二〇〇八）左右，台灣在民主自由、經濟起飛保護傘下，不僅極少進一步發展，反因執政者的攬權圖利，造成貪汙腐敗之局。民進黨落得今日下場，值得朝野警惕！

㈣國民黨今夏經選舉重獲執政，絕不是任何人得失成敗的問題，而是寶島兩千三百萬同胞禍福安危之所繫。站在一個七十年老黨員的立場，切盼領導階層既要知恥知病，更須求進求成。

本人何幸應邀撰寫本文，給我一個痛切省察入台一甲子的機會。用最簡截了當的話來表達，就是在新聞文化領域雖然做了些事，但對國家與社會談不上有何具體貢獻，個人更無什麼特殊事蹟可記。唯一可以聊堪自慰者，就是自分做人清清白白，做事力求實實在在，從未貪圖名利，恥於依附權貴，在任何情勢下，堅守自己獨立的人格，照顧大多數同胞的最大利益。

只要還生存一天，當繼續求知，了解世變，關注台海兩岸真正朝「不統、不獨、不武」兩利雙贏的大方向發展，切願每一家庭都能正常而幸福，自己的家人親友永享健康快樂與和諧。

民國九十八年元月，時年八九

台、港、美三中文報採刊

入台六十年的回顧省覺

個人何幸生長於此一狂飆時代，更何幸而有種種因緣時會，可以洞觀一切，評時論事。惟其如此，我必須時刻自省誓勉：本身是否永保獨立人格，不忮不求，毋怨毋悔。

民國三十八（一九四九）年，前後約莫五載時光，的確是二十世紀最具關鍵轉折的年代，主原因大都認為是：慘烈的第二次世界大戰終結後，全世界的人們多麼切望得享和平與安息。尤其我們那兩代的中國人，在飽經戰亂、歷盡艱辛之餘，更是何等盼待一個比較寧定的明天！

然而結果恰恰相反。當日本軍國主義受到原子彈嚴懲的哀號猶在，美蘇兩大霸權之爭，幾乎在舉世每一角落登場，所謂東西二陣的冷戰（The Cold War），真是無處不打得你死我活。這種見利必爭、凡權必鬥，人人自危的日子，竟令無辜世人苦苦撐度四十年！

這無疑是時代的大劫難，大悲劇！中國既處於地球上最具戰略價值的地帶，又適逢思想完全兩極化的國共兩黨，正於此年代做最激烈的生死拚戰，結果國民黨敗下陣來，領導人蔣中正先生退走來台，力圖再起！回顧一切，這充滿血淚的中華慘劇，如何不令人刻骨銘心？

慈恩深重、變局莫測

就我個人來說，正是恰逢其會，何去何從，無疑受到世變的嚴酷壓力和命運的無情挑戰！當時我已三十之齡，身為長子，父母在堂，婚後育有四個月大的女兒佳佳，一向被視為「患難之友」，很自然的，我對家庭有無可旁貸之責。

若言身分，雙親都是知識分子，父久任公務員，母出自名門。那時我於重慶中央大學卒業後，讀完幹部學校研究班一期，頗受知於老師蔣經國，擔任過他的祕書。

當一九四九年初大局激變之時，幾乎人人陷於安危莫保之境；我名義上是國防部局級科長，未隨機關播遷而還鄉。以前述身家，面對當年「解放」吼聲，我究竟是留下，還是遠走，不能不說是兩難和莫測！

這關頭挺身而出為我拿定主意的，乃是我永記心頭、永難回報的偉大母親。簡單的事實是：當年七月二十七日晚間，因家鄉湖南湘潭面臨「解放」，父母親與我夫婦商談走一事。我因前述諸故，心持緘默，唯獨我母當機立斷地說：「秋兒非走不可，何處不可為生？誰都不能阻留！如果今後有何方追究，我『魏文芳』願以身代……。」

時至今日，正好六十年，我仍然百思未能透解，媽媽這份明斷和勇決，除了愛子心切外，還有什麼靈念？關於此一命定終生的經過，個人在民國八十五年她百歲冥誕之前，除了還鄉祭拜，曾於九月二十六日在當時《中央日報》副刊撰載〈心喪與省覺〉一文，記述其詳；九十年應中研院近史所之約，為其口述個人經歷專書，更確陳其事，供國人明教與讀者參考。

為何於此文首及此事，乃基於雖屬個人一時之去留，實則為當年數以千百萬計的國人共同問題。它可能多少反映了入台兩百餘萬人的遭際，無疑更是一甲子前國人面對時局巨變下的悲壯情懷。

投身新聞、融入世眾

在此大勢相逼，千鈞一髮之際，心含母命，乃於第二天一早帶同妻女前往長沙，經廣州來台灣。不幸連火車頭上都擠滿人的最後一班車沒有搭上；端賴寄居處李老伯提示，勉強搭上八月二日湘粵間運鈔機到了廣州，立刻趕辦入台手續，而於八月十四日安抵台南市，寄居屏東內子老同學李女士家，算是劫後餘生！

當時面臨的首要問題，自然是一家三口的生活；所幸屏東中學校長吳君為大學同學，高三級正缺英語教師，立時聘我出任。畢竟教書非我所長，乃於次年前往台北了解師友等的動態；面謁經國師後，他盼我北上，至於工作，可先續任教職，容圖發展。

同年三月，他於老蔣先生復任總統職後，為層峰選拔任國防部總政治部主任。由於習慣了我為他處理一些言論及文字工作，乃囑適時辭去教職，前往該部研考部門任事，這可以說是個人入台一甲子的首任公職。

我在大學專攻政治科學，由於前述種種的因緣時會，與新聞文化工作結下不解之緣。不過，直接促我跨入大傳媒體這條人際大道的人，應該還是老蔣先生。簡言經過是：我於民國四十三年秋，正決定前往美西加州大學接受獎學金，完成學位時，突奉召出任蔣公的新聞祕書。此事由經國師轉達，當即詢問是否因他推薦，他立即回答「否」。原因我內心自有衡定。

為蔣老擔任前職四年之後，奉派為執政的國民黨第四組副手，工作是一般文宣和新聞，對象自然是閱聽大眾。六年之後（一九六四），黨主席老蔣先生直接批示由我接掌黨報──《中華日報》；這是我投身報業之始，從此以往三十多年，就一直在這條大眾媒體的不歸路上盡其在我！所擔任的諸多職務，在此免述，反正沒有一天敢於脫離或疏忽社會大眾。

愛台護國、痛定思痛

正因此故，讓我有不絕的機會和不同的途徑及方法，深入群眾，敞開胸懷，走遍全台，漫訪世界。近二十年間，由於海峽兩岸的逐漸開放，世界強權因政經、科技、地緣等因素而危遽轉型，我以退休之身，就有更多時間與餘力，從事諸般問題的鑽研及徹解。

試一反省入台六十年，唯一遺憾是未能習用台語，其他方面正如經國先生所自誓：「我是中國人，也是台灣人」，正就是本此根基，面對一切現實。不論世局如何多變，此心此志，始終不渝，直到生命最後一日。

職是之故，我在此總結幾個重點，作為六十年來回顧省察，痛定思痛的結語：

㈠民國三十年代之末，台灣面敵強共，自身則一窮二白，而能自由生存下來，當年老蔣親率五十、六十萬官兵誓死保台，同胞團結支持，應為關鍵所在。

㈡三十九年六月韓戰爆發，美國宣布協防，台灣的孤困危局，初告解除。之後將近四十載，內外變局更其複雜，兩蔣前後相繼的威權統治，今日客觀分析，多認為功過互見。惟經國總統主政的十年（民國六十七年至七十七年），大力建設，使「台灣奇蹟」，有目共睹，為舉世公認。

㈢最可惜者，為近十餘年，台灣在自由、經濟起飛保護傘下，執政者攬權圖利，造成貪瀆腐敗亂局，民進黨落得今日下場，直是其來有自，值得朝野徹底省悟！

㈣而今曾遭唾棄的國民黨重掌政權，絕不應視為一黨一人的得失成敗，而必須確認是寶島兩千三百萬同胞禍福安危所共繫，絕對只許成功，不容失敗。

個人何幸生長於此一狂飆時代，更何幸而有前述種種因緣時會，可以洞觀一切，評時論事。惟其如此，我必須時刻自省誓勉：本身是否永保獨立人格，不忮不求，毋怨毋悔，為大多數同胞的最大利益而勇往直前，終此一生。謹掬至誠，恭請國人教正。

民國九十八年六月，時年八九

發表於台北及舊金山中文報

竭盡衷懷、攜手共利
——進一步強化中華民族的遠景

時間過得很快，世局變化甚劇；尤其台海兩岸關係，基於互利共進之中華民族大目標，近十四億同胞，絕大多數都期待和平發展，堅實進步，向歷史性的世界領域，展現我中國人在本（二十一）世紀的最大潛力與榮光。

本人年邁九三，自許為一道地的書生，誓為國族克盡一份天職。因緣時會，特拜故鄉慈親關愛，先後自國內外大學及研究院所完成學業，然後進入新聞傳播這一行業。由於正合志趣，更增加了我畢獻全部心力的熱忱。

在此一大方向啟示之下，乃於一九九三年兩岸進入改革開放之秋，毅然應時前往上海、北京等要樞，與當地報業及其他傳訊業者會晤。其中志望極為投合的「海協」會長汪道涵、「中華新聞工作協會」負責人邵華澤諸先生等，曾就究應如何務實交流，坦誠交換意見，曾獲致不少具體可行的方式與方法，付諸行動。

此行被視為兩岸四地（中、台、港、澳）新聞界展開交流的起步，彼此從業人員會商交往，從此開闢了一個正當途徑。最具體的一件事，就是北京「中國記協」、香港「新聞行政人員協會」、台北「中國新聞學會」三方面，欣然商定於當（一九九三）年十一月，在港舉行第一屆「海峽兩岸暨港澳新聞研討會」。明（二〇一三）歲欣逢二十週年，將由大陸主辦第十三屆。個人忝為原始推動者之一，多項媒體曾以兩岸「新聞大使」相譽；自省我不過做了一件分內事，豈敢居此！

「中國記協」感於前述重大意義，計劃出刊紀念專集，藉資互識共進。個人身為一分子，承邀約赴會，並撰述專文，於往事歷歷、百感交集之餘，自屬義不容辭，唯有全力以赴。

所可惜者，因年邁體衰，行旅不濟，未能赴會。只得書陳短文淺見，敬祈四地同仁友好，賜予原諒和指教。於我有生之年，奉獻一己心力，切盼攜手共進，竭誠盡力，使偉大中華全民受益，國族永榮。

民國一〇一年十月二十日封筆於台北